Biorremediación

Biorremediación

Estrategias contra la contaminación ambiental

Juan Manuel Sánchez Yáñez

libros
en red

www.librosenred.com

Dirección General: Marcelo Perazolo
Diseño de cubierta: Daniela Ferrán
Diagramación de interiores: Julieta L. Mariatti

Primera edición en español - Impresión bajo demanda

© LibrosEnRed, 2011
Una marca registrada de Amertown International S.A.

ISBN: 978-1-59754-728-4

Para encargar más copias de este libro o conocer otros libros de esta colección visite www.librosenred.com

DEDICATORIA

*A las culturas prehispánicas de
América que mostraron una
conciencia a favor de la conservación
de los recursos naturales como regalos
de un ser todopoderoso.*

*A San Franciso de Asís, el primer
ambientalista que reconoció en la
naturaleza y en toda forma de vida
un reflejo de la grandeza divina.*

*A los verdaderos héroes de la
independencia y revolución de México
y Latinoamérica que la Historia
Oficial nunca ha considerado, ha
juzgado incorrectamente y que jamás
serán siquiera nombrados.*

*A los maestros de mi vida personal y
profesional que pusieron honestamente
su conocimiento, su sentido de
responsabilidad e interés por formar
en mí una conciencia de respeto y
amor por la naturaleza.*

A mi familia viva y en la paz eterna.

A mis hijas.

A Jeaneth y a Colombia.

Prefacio

El mundo actual depende del uso de derivados del petróleo para su crecimiento; como resultado, el ambiente en prácticamente todo sitio del planeta ha sido afectado en diverso grado, con la consecuente pérdida, irreversible en algunos casos, de la diversidad biológica animal y/o vegetal, aun en sitios considerados reserva ecológica en áreas donde las leyes internacionales, nacionales y locales en la materia se han promulgado para su protección.

No obstante, el futuro de los recursos humanos para las próximas generaciones está seriamente comprometido, dado que la prevención para evitar la destrucción de los principales recursos naturales renovables y no renovables, basada en una educación humana que genera una conciencia de respeto por la naturaleza, es todavía insuficiente, aun en los países industrializados y económicamente poderosos.

Mientras que en las naciones en vías en desarrollo, sin fondos suficientes para la educación básica y la salud, en donde la verdadera prevención para una explotación sustentable de los recursos naturales, que involucra el cuidado del ambiente y la protección de la diversidad biológica, es pobre, escasa, contradictoria, inconsistente, débil y sin una intención honesta de corregir lo que está mal.

Principalmente, porque los modelos de educación para la salud y la ecología están conectados con proyectos de crecimiento político-económico y social que nada tienen que

ver con principios básicos de sustentabilidad, sin objetivos
precisos de beneficio para la sociedad humana y menos para
el respeto a la naturaleza a la que el futuro del hombre está
íntimamente unido.

En definitiva, la prevención es la mejor inversión para evitar
la pérdida de los recursos naturales y la diversidad biológica,
pero ya que el impacto negativo de la contaminación por
productos de la petroquímica es un hecho grave e innegable,
en este libro se pretende mostrar que la recuperación de
lugares afectados por la contaminación ambiental causada
por derivados del petróleo en una amplia variedad de sitios
es todavía reversible, si se realizan las acciones correctas
para ello, a través de una educación verdadera de la sociedad
en su conjunto, de las políticas de los gobiernos, de las
organizaciones públicas y privadas, de los profesionales
especializados en biorrestauración, para revertir en la medida
de lo económicamente posible el daño causado a la ecología y
que augure un pronóstico menos pesimista del que se prevé,
si no suceden cambios verdaderos y urgentes en la sociedad
humana en relación al ambiente.

El autor

El potencial metabólico microbiano: Base para la Biorremediación y la Fitorremediación

Por Jesús Jaime Hernández Escareño y Juan Manuel Sánchez-Yáñez

Contenido

Resumen

La biorremediación y la fitorremediación se basan en el hecho de que los microbios y las plantas tienen genéticamente la capacidad de mineralizar compuestos orgánicos y transformar los inorgánicos a compuestos y/o elementos no tóxicos. La naturaleza es una fuente de microorganismos y vegetales que pueden ser útiles para la recuperción de sitios impactados con una amplia diversidad de tóxicos ambientales. El objetivo de esta corta revisión es señalar algunas de las principales capacidades genéticas de los microbios y plantas para la eliminación de tóxicos ambientales durante la biorremediación de sitios contaminados.

Palabras claves. Potencial genético, microbiota, flora, ecología.

I. INTRODUCCIÓN

Los microorganismos son seres cosmopolitas, con una amplia diversidad genética y bioquímica, que desde el origen de la vida en el planeta Tierra han tenido, tienen y tendrán un papel crítico en la transformación de la materia inanimada y orgánica, con los ciclos biogeoquímicos que permiten la vida y que con el reino vegetal son indispensables para continuidad en beneficio de las actuales y futuras generaciones humanas [1-3].

II. TIPOS DE METABOLISMO MICROBIANO INVOLUCRADO EN BIORREMEDIACIÓN Y EN FITORREMEDIACIÓN

Los microorganismos tienen la capacidad de utilizar tres tipos de energía: la luminosa con la capacidad de fijar CO_2 o **fotoautotrofia** [4-6]; la derivada de la oxidación de elementos y compuestos inorgánicos o **químiolitotrofia**; y la generada por la oxidación de compuestos orgánicos u **heterotrofia**. Además de que ciertos grupos microbianos comparten con las plantas la capacidad de utilizar la luz como fuente de energía y ser autotróficos, es decir que fijan CO_2 como fuente de carbono [2, 5].

Los grupos microbianos clasificados con base al tipo de energía que usan para crecer tienen algunos representativos y se denominan "fotoautotróficos" o "fotosintéticos", como las cianobacterias [1, 3]: *Anabena, Nostoc*, etc., aspecto correlacionado con los vegetales inferiores: algas verdaderas y superiores, ejemplicados por algunos tipos como: pinos, leguminosas y gramíneas [7-9].

Los quimiolitotróficos son seres microscópicos cuya energía deriva de la oxidación de elementos y compuestos inórganicos reducidos como [10]: el hidrógeno (H_2) por *Hydrogenomonas*; el amonio (NH_3), el nitrito (NO_2) por *Nitrosomonas* y *Nitrobacter* (nitrificantes); el grupo de compuestos reducidos del azufre como el anión sulfuro (S^-) por *Thiobacillus*, así como el ion ferroso (Fe^+) por *Ferrobacillus*, además del monóxido de carbono (CO^-) por *Carboxymonas* [11-13].

Los géneros de microbios quimioorganotróficos o **heterótrofos** pueden ser **aerobios** cuando usan el O_2 molecular como aceptor de electrones al oxidar compuestos orgánicos, mientras que en la fermentación, los agentes microscópicos que utilizan el **oxígeno** de un compuesto orgánico como aceptor final de electrones bajo condición anaeróbica, y finalmente cuando los microorganismos quimiorganótrofos respiran anaeróbicamente utilizan el oxígeno unido a un compuesto inorgánico como los NO_2^- los PO_4^{3-} y SO_4^- [14-16].

Los heterótrofos constituyen la mayor parte de los géneros bacterianos en la naturaleza, como todos los patógenos para el hombre y los animales, además de los miembros del reino Mycota: basidiomicetos, los micromicetos y las levaduras [4, 8, 10].

III. LOS MICROBIOS EN BIORREMEDIACIÓN Y SUS NECESIDADES NUTRICIONALES

Los microorganismos requieren ciertos elementos indispensables para el crecimiento celular: agua, que representa el 75% del peso total c, además de otros elementos necesarios para la elaboración de las estructuras y organelos celulares, que constituyen las polisácaridos, las proteínas, los lípidos y los ácidos nucleicos como: carbono (C), hidrógeno (H_2), oxígeno (O_2), nitrógeno (N), fósforo (F), magnesio (Mg), etcétera [11, 13].

- **Fuente de C:** uno de los elementos más abundantes de la naturaleza es el "esqueleto" de las principales moléculas orgánicas, por lo que representa el 45-50% del peso celular seco. Con base al C que se utiliza en el metabolismo microbiano, se dividen en [2, 15]: las bacterias **quimioautótrofas** que emplean el C del CO_2 y los carbonatos (CO_3^-) para sintetizar compuestos orgánicos complejos a partir de elementos minerales del ambiente; en contraste, los microorganismos **heterótrofos** construyen sus constituyentes celulares a partir de la oxidación de compuestos orgánicos carbonados como los azúcares sencillos del tipo pentosas, hexosas o derivados de los polisácaridos complejos (almidón, celulosa), así como de heterósidos (ácidos orgánicos, lípidos y alcoholes) [18-20].

  En relación con el **tipo de fuentes orgánicas de C** en el ambiente, la dependencia es variable: existen géneros microbianos que utilizan una amplia variedad de azúcares. Otros son de exigencias estrictas y emplean solo ciertos tipos como: *Pseudomonas methanica*, que asimilan metano o metanol, como única fuente de C y energía. Otros, como los **fotoautotróficos**, generan a partir de la reducción del CO_2 y producen compuestos de C orgánico y polisácaridos. Mientras que los **fotoautótrofos facultativos** usan tanto compuestos de C orgánico como inorgánico como fuente de C y energia [21, 22].

- **Fuente de N:** constituye el 10-15% del peso celular microbiano seco.

Se conoce una amplia diversidad de elementos y compuestos de N que son usados por los microbios en la naturaleza como fuente de proteínas y/o ácidos nucleicos, como algunos de géneros de bacterias que usan el N_2 molecular del tipo: *Anabeana, Azotobacter, Azotomonas, Burkholderia, Derxia* o *Clostridium*, y mientras que una mayor diversidad emplean N mineral como NO_2, NO_3 que se reducen a NH_4, para la síntesis de aminoácidos, como en los géneros: *Arthrobacter, Pseudomonas, Streptomyces*, otros grupos de procariots, como *Actynomyces, Brucella, Staphylococcus, Streptococcus*, solo usan N orgánico de las proteínas, los péptidos, los aminoácidos, los ácidos nucleicos, los nucleótidos, las bases púricas y pirimídicas, e incluso la urea [8, 12, 19].

- **Fuente de fosfatos (PO_4^-):** el P es un elemento de origen mineral que los microbios toman como PO_4^{3-} de importancia para la síntesis de ácidos nucleicos y generación de energía en forma de ATP (adenosintrifosfato), por ello alcanza hasta 3% del peso seco celular en *Escherichia coli* [6, 9]

- **Fuente de azufre (S):** es un elemento necesario para la vida microbiana al usarse en su forma inorgánica como sulfatos (SO_4^{2-}); representa el 1-2% del peso seco celular y entra en la constitución de aminoácidos sulfurados. Proviene de sulfuros, sulfatos, tiosulfatos o compuestos orgánicos sulfurados [2, 11, 21].

- **Los microelementos:** son necesarios en baja concentración ($\mu g/l/kg$), como los iones: manganeso (Mn), hierro (Fe), cobre (Cu), zinc (Zn) y molibedeno (Mo), indispensables para el metabolismo primario microbiano en mínima cantidad. Estos iones son necesarios para la constitución de enzimas, la activación de reacciones enzimáticas y la composición química n de antibióticos, factores de crecimiento (vitaminas), pigmentos, toxinas y, de especial importancia, el Ca en la termorresistencia de las esporas bacterianas que será importante en la supervivencia de esta clase de procariotes con capacidad de eliminación de tóxicos ambientales [1, 4, 17].

IV. LA BIORREMEDIACIÓN DE UN AMBIENTE CONTAMINADO VÍA BIOESTIMULACIÓN DEPENDE DE FACTORES DE CRECIMIENTO PARA LOS MICROORGANISMOS

Un factor de crecimiento es un metabolito indispensable para los microorganismos que no los sintetizan como:

- Vitaminas: algunas están representadas por las coenzimas o precursores de coenzimas; su ausencia evita reacciones metabólicas básicas para la vida [2, 13, 20].
- Riboflavina o vitamina B_2: es necesaria para acciones metabólicas de cierto tipos microbianos en la naturaleza [3, 7].
- Piridoxamina o vitamina B_6: es una coenzima del metabolismo de los aminoácidos en microorganismos y plantas.
- Cianocobalamina o vitamina B_{12}: es básica para la síntesis de ácidos nucleicos en toda forma de vida.
- Ácido fólico o vitamina L_1: su carencia inhibe la división nuclear por su papel en la síntesis de un precursor de algunos nucleótidos son necesarios como parte de la composición química de los ácidos nucleicos [1, 10].

Los factores de crecimiento son específicos para actividades metabólicas de la célula en lo general con la respiración y la obtención de energía [14, 19].

V. Importancia de los factores fisicoquímicos en la biorremediación de ambientes contaminados con tóxicos

Algunos factores ambientales reducen la velocidad del metabolismo, el crecimiento y su división celular son: la temperatura, concentración de sales minerales y la exigencia de gases: O_2, CO_2, CO, CH_4, N_2 [16, 21, 22].

V.1. Temperatura

Según la respuesta fisiológica de cada microorganismo a este factor físico, se clasifican en:

- Mesófilos: se multiplican entre 20 y 40 °C, como los patógenos para el hombre se reproducen a 37 °C [11, 19].

- Termófilos: crecen a 45 y 60 °C, como la microbiota de las aguas termales y suelos tropicales [2, 6].

- Psicrófilos: se reproducen entre 1-4 °C, representados por microorganismos que causan daños a productos alimentarios en el refrigerador.

- Hipertermofílicos: crecen entre 80-100 °C, como las archeabacterias, que habitan en ambientes extremos: fumarolas y aguas termales sulfurosas [4-5].

La termorresistencia es una propiedad excepcional de las bacterias esporuladas de los géneros: *Bacillus*, *Clostridium*, *Desulfotomacilum* Las esporas toleran condiciones mortales para las células vegetativas superiores a 60 °C [1, 7].

En general, un amplio número de géneros de bacterias crecen en ambientes con pH neutro de 7-7,5 aunque toleran valores de 6 y 9. Las levaduras y los hongos se reproducen en ambientes a pH entre 3-6 [3-5].

V.2. Concentración de sales minerales

Los procariotes, por la clase de pared celular rígida que poseen, toleran más variaciones en la concentración de sales que las células de los organismos superiores: como plantas y animales. El crecimiento bacteriano es parcial o totalmente inhibido por el elevado nivel de sal $(NaCl) \geq 2\%$. Excepto en el caso de microorganismos halófilos, que toleran una concentración de sal de 1,5-5%: representado por las bacterias marina, las *Archea* y las existentes de ambos tipos en salmueras [1, 2, 6].

V.3. Exigencia de gases (O_2 y otros)

- Géneros de bacterias aerobias estrictas: consumen O_2 durante su crecimiento como: *Azotobacter, Bacillus, Burkholderia* y *Pseuodomonas* al igual que los basidiomicetos y los micromicetos.
- Anaerobias estrictas: crecen en ausencia de O_2 como: *Bacteroides, Clostridium, Desulfovibrio.*
- Anaerobias facultativas: crecen en ausencia y con O_2, y lentamente con él porque sintetizan bajas cantidades de peroxidasas y enzimas relacionadas con el metabolismo de O_2.
- Microaerófilas: necesitan una presión de oxígeno inferior a la de la atmósfera terrestre, para crecer por ejemplo, *Azotobacter* e *Hydrogenomonas* [3, 5, 11].

VI. Conclusión

La amplia diversidad genética y bioquímica de los microorganismos en la naturaleza representa una herramienta valiosa para la biorrecuperación de ambientes contaminados con elementos y compuestos inorgánicos, así como orgánicos; sin embargo, es indispensable investigar cómo y bajo qué circunstancias pueden ser explotados con este propósito.

Se dedica este trabajo a los seres humanos que a pesar de todo luchan por un mundo menos destructivo y egoísta.
Agradecimientos: Al Proyecto 2.7 (2011) de la CIC-UMSNH, por el apoyo a esta publicación.

VII. BIBLIOGRAFÍA

1. Brock, T. y M. Madigan (1993). *Microbiología*. Ed. Prentice Hall Hispanoamericana. México.

2. Paustian, T. (2000). http://www.bact.wisc.edu/microtextbook/Metabolism.

3. Stanier, R.; E. Adelberg y J. L. Ingraham (1986). *The Microbial World*. Ed. Reverté. Barcelona.

4. Schegel, H. (1999). *Microbiología*. Ed. Omega. Barcelona.

5. Caldwell, D. R. (2000). *Microbial Physiology and Metabolism*. Ed. Star Publishing. EUA.

6. Colwell, R. R. y D. J. Grimes (2000). *Non-culturable Microorganisms in the Environment*. American Society for Microbiology Press. EUA.

7. Storz, G. y R. Hengge-Aronis (2000). *Bacterial Stress Responses*. American Society for Microbiology Press. EUA.

8. White, D. (2000). *The Physiology and Biochemistry of Prokaryotes*. Oxford University Press. EUA.

9. Cheng, L. W. y O. Schneewind (2000). "Type III machines of Gram-negative bacteria: delivering the goods". *Trends in Microbiology*. 8: 214-220.

10. Demain, A. L. (1999). "Pharmaceutically active secondary metabolites of microorganisms". *Appl. Microbiol. Biotechnol.* 52: 455-463.

11. Eichler, J. (2000). "Archaeal protein translocation: crossing membranes in the third domain of life". *European J. Biochem.* 267: 3402-3412.

12. Flores, C. L.; L. V. Rodríguez; V. Petit L. y C. Gancedo (2000). "Carbohydrate and energy-yielding metabolism in non-conventional yeasts". *FEMS Microbiol. Rev.* 24: 507-529.

13. Horikoshi, K. (1999). "Alkaliphiles: some applications of their products". *Microbiology and Molecular Biology Rev.* 3: 735-750.

14. Neidhardt, F. C.; J. L. Ingraham y M. Schaechter (1990). "Regulation of gene expression: individual operons and multigene systems and global regulation". *Physiology of the Bacterial Cell: A Molecular Approach.* Ed. Sinauer. EUA.

15. Parekh, S.; V. A. Vinci y R. J. Strobel (2000). "Improvement of microbial strains and fermentation processes". *Appl. Microbiol. Biotechnol.* 54: 287-301.

16. Paulsen, I. T. (1996). "Carbon metabolism and its regulation in *Streptomyces* and other high GC Gram-positive bacteria". *Regulation of Carbon Metabolism in Bacteria.* 14th Forum in Microbiology. Res. Microbiol. 147: 535-541.

17. Saier Jr., M. H. (1996). "Regulatory interactions controlling carbon metabolism: an overview". *Regulation of Carbon Metabolism in Bacteria.* 14th Forum in Microbiology. Res. Microbiol. 147: 439-447.

18. Schleper, C.; G. Pulher; B. Kulhmorgen y W. Zilling (1995). "Life at extremely low pH". *Nature.* 375: 741-742.

19. Stackebrandt, L. (2006). *Molecular Identification Systematics, and Population Structure of Prokaryotes.* Ed. Springer. Alemania.

20. Stülke, J. y W. Hillen (1999). "Carbon catabolite repression in bacteria". *Current Opinion in Microbiol.* 2: 195-201.

21. Stülke, J. y W. Hillen (2000). "Regulation of carbon catabolism in bacillus species". *Annu. Rev. Microbiol.* 54: 849-880.

22. Vadenboncoeur, C. y M. Pelletier (1997). "The phosphoenolpyruvate: sugar phosphotransferase system of oral streptococci and its role in the control of sugar metabolism". *FEMS Microbiol. Rev.* 19: 507-529.

El impacto de los hidrocarburos lineales y aromáticos policíclicos en la salud humana y el ambiente

Por Liliana Márquez Benavídez y Juan Manuel Sánchez-Yañez

Contenido

Juan Manuel Sánchez Yáñez

Resumen

Los hidrocarburos lineales (HC) y policíclicos (HAP) son derivados del petróleo, fundamentales en el progreso actual humano, después de usarse sus productos; causan contaminación ambiental porque son químicamente estables, tolerantes a la acción abiótica y biológica; por ello se acumulan, y, en consecuencia, son tóxicos a cualquier forma de vida, incluso la población humana. El objetivo de este breve ensayo es analizar la importancia de los HC y HAP en el ambiente y la salud de la comunidad.
Palabras claves. Suelo, agua, degradación, ambiente, petróleo.

I. Procedencia y aplicaciones de hidrocarburos lineales y aromáticos policíclicos

Los hidrocarburos aromáticos policíclicos (HAP) son componentes de origen orgánico generados por la pirólisis del petróleo, como el naftaleno, antraceno, fenantreno, pireno, fluoreno, benzo-a-antraceno, criseno, benzo-a-pireno y derivados alquilados, al igual que los hidrocarburos alifáticos (HC). En los sedimentos son indicadores de contaminación por petróleo [1-3]. Los HAP en el agua son recalcitrantes y eventualmente se mineralizan lentamente por ello, se acumulan en suelo, plantas acuáticas, terrestres, peces e invertebrados, y también afectan la salud humana cuando se inhalan o por contacto dérmico, y durante períodos prolongados de tiempo son carcinogénicos [4, 5]. Experimentos con mamíferos expuestos a los HAP mostraron mutagenicidad [6], como en el caso del benzo-a-pireno (BP), del pireno y el antraceno usados en tintas e insecticidas.

26

En el Cuadro 1 se presenta el contenido de BP en derivados del petróleo no comercial usado como estándar analítico, se especifica la concentración de riesgo potencial en el ambiente como residuo derivado de un HAP, con base en los reportes que lo señalan como un HC, que en general en concentración relativamente alta provoca daño a la vida [1, 10, 11].

CUADRO I. Concentración de benzo-α-pireno en derivados del petróleo de acuerdo con su origen.

Derivado del petróleo	Contenido en benzo-α-pireno
Alquitrán de hulla	0,65%
Alquitrán de pavimento	0,51-1%
Aceites de impregnación	0,045-0,35%
Aceite de motor (nuevo)	0,008-0,27 mg/kg
Aceite de motor (usado)	5,2-35 mg/kg
Gasóleo (diésel)	0,026 mg/l
Combustible	0,09-8,3 mg/kg
Petróleo crudo (Kuwait)	2,8 mg/kg
Petróleo crudo (Libia)	1,32 mg/l
Petróleo crudo (Venezuela)	1,66 mg/l
Petróleo crudo (Golfo Pérsico)	0,40 mg/l

Referencias: [3, 5, 16, 19].

En el Cuadro 2 se muestran las concentraciones de las emisiones que contienen BP que causan contaminación; se incluye al suelo con y sin vegetación además en agua, de acuerdo con investigación hecha en esos ambientes [20].

CUADRO 2. Principales niveles de concentración de benzo-α-pireno por combustión de HC con riesgo de contaminación en el ambiente y posible daño en humanos, animales y plantas.

Variedad de combustible fósil	Microgramos de benzo-α-pireno emitido/Unidad volumétrica de combustible quemado(/m³)
Calefacción con carbón	100
Hornos de coque	13-35
Incineración de desperdícios	11
Gases de escape de motores a gasoil	5
Industria térmica (de carbón)	0,3
Industria térmica (de gas)	0,1
Gas de escape de vehículos	1-48 µg/l

Referencias: [1, 17, 18].

II. EL BENZO-α-PIRENO (BP) EN EL AMBIENTE

II.1. AGUA

El BP impacta el agua de mar puesto que, después de 3 h, se registra una adsorción del 71-75%, en fitoplancton y/o en bacterias marinas, reacciona rápido con el cloro y el ozono por transformación fotoquímica; su estructura se acompleja, lo que causa su recalcitrancia y, por ende, contaminación ambiental [1, 5, 7].

II.2. Mineralización y productos

La persistencia del BP en los cuerpos de agua superficiales es variable; los reportes difieren en el tiempo de mineralización: en los sedimentos podría ser desde 8 semanas hasta 2 a 10 años, en el suelo permanece un mínimo de 2 días-2 años, mientras que existe una restringida diversidad de géneros microbianos que los atacan, lo que es inversamente proporcional a su concentración; los metabolitos más comunes derivados de su degradación son: el 3-hidroxibenzo-α-pireno y el 9-hidroxibenzo-α-pireno, que también impactan al ambiente con efectos negativos en la salud humana, similares a los señalados en el Cuadro 5 [11, 19].

III. La contaminación de agua y alimentos por BP

Los niveles tóxicos de concentración de BP detectados en ambientes de Europa y los EUA se muestran en el Cuadro 4; como contaminante de la atmósfera del suelo y el agua, tiene efecto carcinógeno sobre humanos y animales aunque no existe información de sus valores límites; por ello se considera que los alimentos deben estar libres de este HAP dados los reportes de los ambientes donde se ha encontrado, según se muestra en los Cuadros 3 y 4 en los que se observan diferencias en los niveles de concentración aceptada y detectada, lo que lleva a la necesidad de consensos a nivel de la legislación local, nacional e internacional para la prevención y control de la contaminación ambiental causada por BP [6, 17, 18].

CUADRO 3. Valores de concentración máxima permitida de benzo-a-pireno en ambientes de países europeos.

Ambiente/ Receptor	Ambiente/ Recurso	País/Agencia	Concentración (µg/l)
Agua	Agua potable	Austria	0,2
Ídem	Ídem	Alemania	0,2
Ídem	Ídem	UE	0,2
Ídem	Ídem	Ex URSS	0,005
Ídem	Ídem	OMS	0,2
Ídem	Aguas subterráneas	Alemania	0,2
Ídem	Ídem	Alemania	1,0
Ídem	Ídem	Países Bajos	0,1
Ídem	Ídem	Ídem	70,0
Ídem	Ídem	Ídem	0,02
Ídem	Ídem	Ídem	5,0
Ídem	Ídem	Ídem	0,005
Ídem	Ídem	Ídem	1,0
Ídem	Ídem	Ídem	0,002
Ídem	Ídem	Ídem	0,5
Ídem	Ídem	Ídem	0,002
Ídem	Ídem	Ídem	0,05
Ídem	Ídem	Ídem	0,001
Ídem	Ídem	Ídem	0,05
Ídem	Ídem	Ídem	0,0002
Ídem	Ídem	Ídem	0,05
Ídem	Ídem	Ídem	0,001
Ídem	Ídem	Ídem	0,05
Ídem	Ídem	Ídem	0,0004
Ídem	Ídem	Ídem	0,05
Suelo	Ídem	Ídem	1 mg/kg MS
Ídem	Ídem	Ídem	40 mg/kg MS
Aire	Emisión	Alemania	0,1 mg/m^3

IV. Compuestos orgánicos volátiles (COV)

En general, los compuestos orgánicos volátiles (COV) son los que existen en concentración inferior a partes por millón (ppm), que causan un efecto negativo ambiental; el término COV se aplica a oxidantes fotoquímicos, derivados de reacciones con la luz solar, con óxidos de nitrógeno (NO_x); constituyen la mayor parte de las emisiones en actividades industriales [1-3].

El Acta 154/187 de los compuestos regulados en la *Clean Air Act Amendment* de 1990 indica que algunos COV son halogenados, como tolueno, xileno, isopropanol, éter glicólico, olefinas, nafta, destilados del petróleo, acetona, parafinas, metil-etil-cetona, aromáticos, en especial el tricloroetileno, numerosos solventes, desengrasantes, limpiadores, lubricantes y combustibles líquidos en específico: el ozono (O_3), el nitrato de peroxiacilo (PAN) y otros subproductos de la degradación del petróleo, los cuales en la troposfera reducen la capa de O_3, en la biosfera causan un impacto negativo en la vida del suelo y del agua, en especial la aerobia [4, 9, 14].

V. La contaminación por ozono y su relación con los HC y HAP

El O_3 del aire reacciona con los NO_x generados en acciones industriales de combustión; otras fuentes de emisión son los automotores, los generadores de calor domésticos, de calefacción de agua caliente para el aseo corporal, que luego se arrojan al ambiente sin un previo tratamiento [2, 8, 22]. La formación y las reacciones químicas del O_3 troposférico se inician, al disociarse el NO_2^-, por la radiación solar del espectro ultravioleta (UV) cercano, en condiciones naturales, según lo explica la siguiente ecuación química [3, 18]:

$$NO_2 + hv\ (?\ {<}430\ nm) = NO + O$$
$$O_2 + O = O_3$$
$$NO + O_3 = NO_2 + O_2$$

La elevada concentración de O_3 tiene un efecto negativo en la salud humana, como problemas respiratorios, con disminución de la capacidad pulmonar y alteraciones del sistema inmunitario, lo que predispone a la población humana de un sitio específico a enfermedades crónico-degenerativas por contacto con esta clase de contaminantes ambientales [6, 12, 16].

Tal es el caso de los removedores de pinturas comerciales que se fabrican con solventes volátiles o cáusticos, los que contienen cloruro de nafteno o diclorometano (DCM); n-metil-pirrolidona, dimetilsulfóxido, alcohol bencílico, todos estos son tóxicos para el usuario, al igual que la elevada concentración de COV, que se evaporan durante su fabricación y aplicación [1]; en la atmósfera, estos reaccionan con los NO_x y liberan O_3, y producen el *smog* o humoniebla de verano; lo anterior se asocia con trastornos de la salud humana de tipo asmático, y por ello es necesario reducir la concentración de COV emitidos en la atmósfera de las ciudades industrializadas del mundo, con énfasis en los países en vías de desarrollo donde el respeto a las leyes ambientales relacionadas con estos compuestos aún no se logra por diversas razones [3, 15].

VI. Efectos ambientales negativos por productos a base de diclorometano (DCM)

La literatura reporta que los compuestos a base de DCM son de riesgo para la salud; no obstante, se usan como removedores de pinturas, a base de disolventes volátiles, los que liberan humos nocivos que causan quemaduras e irritación al contacto con la piel humana [5, 8, 22]. Las formulaciones a base de DCM contienen: metanol, tolueno o xileno, y un alcano de elevado punto de fusión, que atenúa su evaporación: la inhalación de los humos de DCM tiene un efecto narcótico, con somnolencia y cefalea; en alta concentración, causan: desvanecimiento, inconsciencia y muerte (otros trastornos graves a la salud humana se señalan con cierto detalle en el Cuadro 5); en espacios pequeños o en lugares con deficiente ventilación, irritan severamente la piel. En los países de la Unión Europea, se les clasifica como carcinógenos de clase III, responsables de daños irreversibles en la salud humana y animal; por eso es indispensable regular su liberación al ambiente [7, 11, 21].

CUADRO 5. Factores de riesgo en la salud humana por exposición a químicos volátiles.

Nombre del compuesto químico	Principales riesgos para la salud
a) De tipo orgánico	
n-metil-2-pirrolidona n-metil-pirrolidona (NMP)	Efectos crónicos irreversibles; penetra en el cuerpo por: piel, órganos reproductivos y en el embrión en gestación.
Diclorometano (DCM)	Carcinógeno de clase III, se evapora e inhala rápidamente; exacerba los síntomas con enfermedades pulmonares, del corazón o en la sangre; la exposición prolongada daña el hígado o los riñones.
Dimetilsulfóxido	Penetra en el cuerpo por piel y destruye membranas celulares.
Alcohol bencílico	Volátil, causa efectos de: adormecimiento, dolores de cabeza y desvanecimiento; en alta concentración: inconsciencia y muerte por paro respiratorio.
b) De tipo inorgánico	
Soda cáustica	Causa quemaduras de piel y ojos en contacto breve; ingerido es altamente tóxico.

Referencias: [4, 7, 14].

VII. HIDROCARBUROS EN EL SUELO

La transformación de los HAP en este ambiente depende de sus propiedades fisicoquímicas en específico, como: la densidad, la solubilidad, la polaridad, la permeabilidad, el tamaño de partícula, el contenido de humedad, la materia orgánica, la profundidad del manto freático y factores climatológicos como la temperatura y la precipitación pluvial, según se describe en el Cuadro 6, en el que se muestran el conjunto de variables fisicoquímicas, de acuerdo con el tipo de HAP considerada para lograr su eliminación del ambiente que impactan [2, 8, 19].

CUADRO 6. Propiedades fisicoquímicas de hidrocarburos aromáticos policíclicos en el ambiente, que influyen en su transformación en el suelo para propósitos de restauración.

Propiedades del contaminante	Propiedades fisicoquímicas del suelo	Variables ambientales consideradas
Solubilidad	Concentración y retención de agua	Temperatura
Presión de vapor	Porosidad, densidad y permeabilidad	Precipitación
Número y tipo de grupos orgánicos funcionales	Contenido de arcilla	Evapotranspiración
Polaridad	Nivel de materia orgánica	
	Profundidad en agua subterránea	

Referencias: [2, 5, 22].

Los HC del tipo ligero son: las gasolinas, los aceites, el petróleo crudo que, al formar una película que flota en el manto freático, se mueven horizontalmente en dirección al flujo del agua subterránea. Los HC densos se desplazan a la base del acuífero mediante una columna al agua subterránea y lo impactan negativamente; en ese caso, la estrategia de restauración de esas aguas o suelos depende, como se ha indicado, de las propiedades fiscoquímicas según la clase específica de HC denso involucrado en la contaminación de un ambiente dado [1-4].

VIII. Dinámica de la migración de los HC y HAP en el suelo

En la zona superficial de este ambiente se reportan algunas reacciones con HC y HAP que influyen en su acumulación derivada de su asociación, con adsorbentes naturales existentes como partes de la composición química del agua o del suelo [8, 11]:

- a) Absorción en la materia orgánica o en líquidos en la fase no acuosa.
- b) Absorción en polímeros de la materia orgánica condensada y en residuos de combustión.
- c) Adsorción a superficies orgánicas húmedas del agua o suelo.
- d) Adsorción a superficies minerales de la textura como el cuarzo en el suelo.
- e) Adsorción a minerales microporosos del tipo zeolita con superficies porosas y saturación de agua <100% en la textura del suelo virgen o agrícola [10, 17].

En el 2000, la Secretaría de Medio Ambiente, Recursos Naturales y Pesca (SEMARNAP) de México indicó que las propiedades físicas del suelo y el agua son claves en el curso químico que seguirán los derrames de HAP, en específico y de acuerdo con la estructura del suelo, con la ruptura de sus agregados, lo que aumenta su retención en el agua o el suelo en la capa superficial. Mientras que el cambio del potencial hídrico es un aspecto básico en la acumulación de los HC recalcitrantes; al igual que en las arcillas del suelo, que incrementan la superficie de absorción y la concentración de los HC y HAP [8, 11, 15].

Las propiedades químicas del suelo más afectadas por un derrame con HAP son: una elevada concentración de carbono orgánico, en especial, cuando el 75% de los HC del petróleo crudo son oxidables; ello causa una drástica disminución del pH por la generación de ácidos orgánicos, lo que trae como consecuencia un aumento del Mn, del Fe intercambiable y del P disponible (8). Los efectos tóxicos de esta clase de HC en ese ambiente dependen de su concentración, de su composición química, del tiempo de exposición en el sitio, de la extensión del derrame y de otras propiedades fisicoquímicas del suelo, de las variables ambientales como la temperatura, la humedad y el nivel de oxígeno; además de la aplicación de dispersantes químicos y de la capacidad de la microbiota nativa para oxidar los HAP (6, 16).

VIII.1. ORIGEN Y PROPIEDADES DEL SUELO

Los HC alifáticos y los HAP que contaminan el suelo en estado líquido o sólido se adsorben en partículas de arcillas, una parte importante de las propiedades físicas de ese ambiente que influyen en su desplazamiento, retención e incluso en su transformación química y biológica [3, 5, 14].

- a) **Materia orgánica.** Esta propiedad química del suelo influye en la dinámica de los HC alifáticos y los HAP que impactan negativamente en la biología de este ambiente, en donde se adsorben a los compuestos orgánicos de origen vegetal; en el caso de los HAP, al disminuir su tamaño, su concentración se incrementa en la fase acuosa y en la gaseosa, mientras que la disponibilidad de esta clase de HC depende de su hidrofobicidad; ahí se involucran mecanismos químicos en los que los enlaces de hidrógeno e interacción ion-dipolo [20, 22] son importantes; además de que los HAP tienen afinidad por la fase orgánica hidrofóbica a los ácidos húmicos (AH) comunes en la materia orgánica del suelo [9]. En esos casos, existen uniones hidrofílicas con los compuestos polares afines a los AH, que incluyen los sitios de unión con metales multivalentes, como sucede en los coloides de las superficies de los minerales y en las arcillas; también con los grupos Sí-O-Sí de la materia orgánica, en donde se dan interacciones por fuerza dipolo-dipolo o ion-dipolo [3, 5]. Mientras que las moléculas apolares de los HAP se retienen en mayor concentración a la materia orgánica, que contiene compuestos hidrofóbicos u organofílicos que generan enlaces en el interior de la matriz en esa materia orgánica [12]. Los AH de la materia orgánica del suelo afectan el destino de los HC al facilitar su lixiviación a los acuíferos en vías que incluyen: la adsorción, la partición, la solubilización, la degradación por hidrólisis en la fotodescomposición, todos estos son procesos fundamentales en el destino de los HC que contaminan el suelo y las aguas subterráneas [18, 19].

- b) **Contenido de agua.** En el suelo, esta propiedad física del suelo tiene influencia en el transporte de los HC y HAP por difusión líquida o gaseosa. Es la primera forma de transporte y aumenta con el nivel de agua, ya que por su trayectoria reemplaza al aire de los espacios porosos en el suelo; inversamente, la difusión de vapor de estos HC disminuye con el contenido de agua. Cuando existe un bajo porcentaje en la superficie del suelo como en la sequía, las moléculas de HC ocupan los sitios de adsorción o desplazan la capacidad de adsorción química de la materia orgánica, lo que aumenta la concentración de HAP en las fases líquida y gaseosa; este efecto es reversible cuando la superficie se rehumedece con las lluvias [3, 7]. Los HC alifáticos apolares no compiten con el agua en el intercambio electrónico cuando se unen por fuerzas de Van der Waals. Las superficies de los minerales arcillosos adsorben los HAP a la fase gaseosa, líquida o sólida para alcanzar el equilibrio en un tiempo, lo que limita la velocidad de difusión molecular de esa clase de HC [10, 16].

- Las fuerzas de Van der Waals son intermoleculares débiles que sostienen líquidos o cristales de HAP [1, 2] que se interponen en los silicatos de las capas expandibles del suelo, lo que sugiere que penetran en el espacio interlaminar de la montmorillonita Wyoming a baja velocidad [6], mientras que el agua transporta los HC solubles en dirección horizontal y vertical, pero no cuando son sustancias menos adsorbentes y más polares como ciertos tipos de HC [4, 14].

- c) **Textura del suelo.** Esta propiedad permite la lixiviación de los HC y HAP, lo que depende de la clase de suelo; en el de textura gruesa con arena y grava es más rápida que en los de arcilla fina, con mayor capacidad en retener HAP y que facilitan la contaminación de los mantos freáticos. Otras variables que se relacionan con este proceso son: la permeabilidad, la conductividad hidráulica, los espacios porosos que dependen de la calidad de la textura derivada de la clase de suelo. El contenido de arcilla se asocia con la capacidad de campo del suelo e influye en el intercambio catiónico de los HC [14, 17]; se reporta que los HAP reaccionan con las superficies de las arcillas del suelo por sus cargas eléctricas, como el benceno que forma un complejo estable en suelo seco; así, en época de sequía, los HAP participan en la aparición de películas superficiales de emulsiones que evitan el drenaje e intercambio de gases, pero que sí permiten la solubilidad de determinados HAP. Los problemas comunes asociados con los HAP en el suelo son la formación de películas superficiales que los adsorben, mientras los solubles se lixivian a los acuíferos [9, 13, 21].

- d) **Profundidad de la capa freática.** Esta propiedad determina el tiempo y el espacio de retención en la posible BR de un suelo impactado con HAP; antes de llegar al acuífero, estos factores influyen en su proceso de eliminación, como la textura fina, el contenido de agua que asciende desde la profundidad, en comparación con lo que sucede en el suelo arenoso. La profundidad del suelo influye en la extensión del flujo del agua ascendente contaminada con HAP hacia la superficie, donde algunos HC se evaporan, aunque la entrada del agua contaminada con esos HC afecta su tiempo de difusión desde la superficie hasta el manto freático [10, 11, 20].

- e) **Estructura del suelo.** Esta propiedad influye en la BR de un suelo impactado por HAP, de tal manera que existen fisuras, grietas o canales que sirven como vías de transporte de HC alifáticos y/o HAP a los mantos freáticos; sin esas vías, la agregación estructural de los suelos induce un flujo rápido, pero en los macroporos de los interagregados los HAP se retienen. Por ello, la estructura del suelo favorece esa tendencia para que esos HC se concentren en las corrientes verticales o convergentes, llamadas "dedos", en donde comienza la transición de la textura fina a la capa granulosa, con un mayor volumen en la zona superficial; lo anterior hace más lenta o rápida la estrategia de BR del suelo contaminado con HAP [6, 13].

VIII.2. VARIABLES DEL AMBIENTE QUE AFECTAN EL MOVIMIENTO DE LOS HC Y HAP

- a) **Temperatura.** El ambiente determina cambios en el estado físico de los HC y/o HAP como su presión de vapor de los HAP, que es directamente proporcional al incremento de temperatura. Un bajo valor de presión del orden de 10^{-4} atm ocasiona la fracción de un HC o HAP, que pasa rápidamente a la fase vapor; por esta razón, su difusión gaseosa es más trascendental que la líquida, de tal manera que el nivel de la contaminación por HC y HAP puede ser de grave a ligera en el agua o en el suelo [18, 22].

- b) **Precipitación.** En el ambiente, el volumen de lluvia afecta la velocidad del flujo de los HAP en el suelo; en ciertas regiones con lluvia intensa, frecuentemente se observa que estos tienen un elevado flujo de dispersión, lo que aumenta su cambio al estado líquido y disminuye la concentración del gaseoso, y de ahí que su impacto negativo puede ser mayor en esos ambientes [1-3].

- c) **Evapotranspiración vegetal.** En zonas contaminadas con HAP, las plantas nativas de esos sitios, en función de la temperatura, tienden a incorporar agua y/o la pierden en la superficie de sus hojas. La evapotranspiración afecta el flujo de agua, en especial debajo de la zona de la raíz, sitio de la posible lixiviación de los HAP, en donde la cantidad de agua drenada en suelos sin irrigar está determinada por el volumen de lluvia, menos la cantidad de evapotranspiración; un balance positivo implica un drenaje de HC alifáticos y/o HAP con movimiento descendente, mientras que el negativo se observa cuando existe deshidratación con una mínima cantidad de agua, lo que induce un flujo ascendente de los HC y HAP, además de las condiciones meteorológicas como: la radiación solar, el viento, la humedad, el tipo de textura del suelo y la resistencia de las plantas involucrados en la fitorremediación del suelo impactado con HC o HAP [10-12].

VIII.3. TRANSPORTE Y TRANSFORMACIÓN DE LOS HC Y HAP EN EL SUELO

Los principales mecanismos de transporte y transformación de HC alifáticos y HAP disueltos en el suelo son: la advección, la dispersión, la lixiviación, la adsorción, la volatilización, la fotólisis, la degradación química y la biológica. El movimiento de una fase orgánica líquida inmiscible de HC alifáticos y/o HAP se controla con base en propiedades fisicoquímicas como su densidad y viscosidad en la superficie húmeda del suelo [6, 13, 15]. El transporte vertical de los HC alifáticos y/o los HAP en la zona no saturada del suelo lo causan la gravedad y la capilaridad derivada de la textura del suelo, así como los siguientes mecanismos [9, 16, 20]:

- a) **Advección.** En un suelo ligero con una textura mayoritaria de arena y grava, esto es clave en el transporte de los HC alifáticos y/o HAP, mediante los solutos en la fase sólida del suelo o por la circulación del agua [1, 2, 11].

- b) **Dispersión.** Existe por el contenido de agua en el suelo, que deriva de la difusión molecular de HC o HAP, en solución y por un movimiento hidrodinámico a través de los conductos tortuosos del suelo. En otros tipos de suelos se da por gravedad en dirección al manto acuífero; en general, los HC y los HAP se difunden lentamente por los poros de la textura, mientras que cuando la humedad en el suelo decrece, el impacto negativo de los HAP sobre la vida de ese ambiente es mayor [1, 14].

- c) **Lixiviación.** En suelo impactado con HC alifáticos y/o HAP, se desplazan a través del perfil del suelo para contaminar el manto freático; esto afecta negativamente la vida microbiana y la cadena trófica. Los factores que determinan la lixiviación de los HC y/o HAP dependen de sus propiedades químicas: solubilidad, sensibilidad a la biodegradación, disociación química, adsorción a la textura, volatilidad derivada de sus propiedades fisicoquímicas y de la precipitación pluvial [2, 5].

- d) **Adsorción.** En el suelo, esta propiedad física influye en la dinámica de los HC y/o HAP, pues permite su unión a iones a moléculas de superficies o en las interfases: líquido-sólido, sólido-gas, líquido-gas y líquido-líquido, que causan un incremento en la concentración de los HC y/o HAP en la solución del suelo, cuando los dos tipos de HC alcanzan los mantos freáticos o bien en la fase líquida orgánica, que es parcialmente miscible en el agua del suelo, y que al retenerse en la superficie afectan negativamente la vida en ese ambiente [8, 9].

- e) **Volatilización.** En el suelo, los HC y los HAP se volatilizan a la atmósfera, con base en su presión de vapor, el clima, la adsorción a las arcillas de la textura, su hidrólisis química o enzimática y por fototransformación. Los HC y los HAP de baja presión de vapor se adsorben en el suelo, al igual que los solubles en el agua; al contrario, los HC o HAP con alta presión de vapor son de baja adsorción y mínima solubilidad en agua pero más volátiles [5, 15, 16].

- f) **Fotólisis.** En el suelo, los HC y/o los HAP se transforman en proporción al nivel de la radiación de la luz solar, que depende de las condiciones ambientales que influyen en la velocidad de su fototransformación, como la profundidad a la que se localizan en el suelo, en el agua, así como la velocidad de la fotólisis de ambos HC, lo que determina su persistencia, mientras que a mayor velocidad de degradación, son de menor recalcitrancia con una vida media <30 días, mientras que en otros es de 30-90 días. Aunque generalmente se desplazan hacia compartimentos del suelo si su vida media es de >90 días [1, 10, 21].

- g) **Degradación abiótica.** Las condiciones físicas y químicas del suelo son fundamentales en la transformación de los HC y HAP del tipo abiótico, como hidrólisis, sustitución, eliminación, oxidación y reducción; las dos últimas son más frecuentes en la degradación de HC alifáticos, además de que, en el suelo, los HAP se oxidan abióticamente, como el benceno, la bencidina, el etilbenceno, el naftaleno y el fenol que generan radicales libres; un segundo grupo lo representan: el tetraclorodibenzo-paradioxina (TCDD), el hexaclorobenceno, el hexaclorociclopentadieno, los bifenilos polibromados (PBB), los policlorados (PCB) y los no aromáticos que son sensibles a reducción química por la transferencia de electrones que afecta su transformación en el sistema de agua-arcilla, lo que se acelera con el aumento de la humedad, y supone la existencia de un mecanismo de transferencia electrónica; ahí la arcilla actúa como aceptor de electrones, por tanto, es predecible que un HAP sufra una reducción química cuando su potencial de óxido-reducción (redox) es mayor que la del suelo, lo que afecta la recuperación de ese ambiente impactado por estas clases de HC [17, 18, 22].

- h) **Degradación biótica.** En el suelo, los HC y/o los HAP están sujetos a la actividad mineralizadora de los microorganismos heterotróficos aerobios, que representan una vía para su degradación biótica [16, 19, 20].

Por ejemplo, la velocidad de mineralización de desechos de HC y/o HAP de refinerías y de plantas petroquímicas es relativamente baja, entre 10-29 °C, pero aumenta entre 30-40 °C. Mientras que el contenido de O_2 es otro factor limitante de la BR de suelo impactado con HC y/o HAP [3, 6, 9]. Cuando un vegetal absorbe por el sistema de raíces HC y/o HAP, los microorganismos asociados al tejido radical los transforman en compuestos inocuos; así, la FR es una alternativa para removerlos del suelo [10, 15].

IX. Conclusión

La contaminación del suelo y el agua con HC o HAP es un problema actual que provoca pérdidas de la productividad de estos recursos naturales, así como de la pureza de acuíferos y mantos freáticos; en consecuencia, es necesario el empleo de estrategias de BR y/o FR que minimicen ese impacto negativo, con base en las propiedades fisicoquímicas de esos HC y del ambiente.

Agradecimientos. Al Proyecto 2.7 (2011) de la CIC-UMSNH, por el apoyo a esta publicación.

X. Bibliografía

1. Admon, S.; M. Green e Y. Avnimelech (2001). "Biodegradation kinetics of hydrocarbon in soil during land treatment of soily sludge". *Bioremediation Journal.* 5: 193-209.

2. Baryshnikova, L. M.; V. G. Grisschenkov; M. U. Arinbasarov; A. N. Shkidchenko y A. M. Boronin (2001). "Biodegradation of oil products by degrader strains

and their associations in liquid media". *Prikl Biokhim. Mikrobiol.* 37: 542-548.

3. Capelli, M. S.; J. P. Busalmen y S. R. de Sánchez (2001). "Hydrocarbon bioremediation of a mineral-base contaminated waste from crude oil extraction by indigenous bacteria". *Inter. Biodet. and Biodegr.* 47: 233-238.

4. Cunningham, J. A.; G. D. Hopkins; C. A. Lebron y M. Reinhard (2000). "Enhanced aerobic bioremediation of ground-water contaminated by fuel hydrocarbons at Seal Beach, California, USA". *Biodegradation.* 11: 159-170.

5. Cunningham, J. A.; H. Rahme; G. D. Hopkins; C. Lebron y M. Reinhard (2001). "Enhanced *in situ* bioremediation of BTEX contaminated ground-water by combined injection of nitrate and sulfate". *Environ. Sci. and Technol.* 35: 1663-1670.

6. Dua, M.; A. Singh; N. Sethunathan y A. K. Johri (2002). "Biotechnology and bioremediation: successes and limitations". *Appl. Microbiol. Biotechnol.* 59: 143-152.

7. Gallego, A.; M. S. Fortunato; J. Rossi; V. Gemini; L. Gómez; C. E. Gómez; L. E. Higa y S. E. Korol (2003). "Biodegradation and detoxification of phenolic compounds by pure and mixed indigenous cultures in aerobic reactors". *Inter. Biodet. and Biodegr.* 52: 261-267.

8. Ghazali, F. M.; N. Z. A. Rahman; A. B. Salleh y M. Basri (2004). "Biodegradation of hydrocarbons in soil by microbial consortium". *Inter. Biodet. and Biodegr.* 54: 61-67.

9. Ijah, J. J. y S. P. Antai (2003). "Removal of Nigerian light crude oil in soil over a 12-month period". *Inter. Biodet. and Biodegr.* 51: 93-99.

10. Lucas, R.; S. C. Vázquez y W. P. Mac Cormack (2003). "Effectiveness of the natural bacterial flora, biostimulation ang bioaugmentation on the bioremediation of

hydrocarbons contaminated Antarctic soil". *Inter. Biodet. and Biodegr.* 52: 115-125.

11. Margesin, R. y F. Schinner (2001). "Bioremediation (natural attenuation and biostimulation) of diesel-oil-contaminated soil in an Alpine glacier skiing area". *Appl. Environ. Microbiol.* 67: 3127-3133.

12. Mishra, S.; J. Jyot; R. C. Kuhad y B. Lal (2001). "*In situ* bioremediation potential of an oily sludge-degrading bacterial consortium". *Curr. Microbiol.* 43: 328-335.

13. Müller, R. y B. Mahro (2001). "Bioaugmentation: advantages and problems using microorganisms with special abilities in soil decontamination". Stegmen, Brunner, Calmono, Matz. *Treatment of Contaminated Soil Fundamentals, Analysis Applications.* Ed. Springer. Alemania. 325-341.

14. Namkoong, W.; E. Y. Hwang; J. S. Park y J. Y. Choi (2002). "Bioremediation of diesel-contaminated soil with composting". *Environ. Pollution.* 50: 1923-1931.

15. Passman, F. J.; B. L. McFarland y M. J. Hillyer (2001). "Oxygenated gasoline biodeterioration and its control in laboratory microcosms in the tropic". *Biodegradation.* 9: 83-90.

16. Prince, R. C.; J. R. Clark y K. Lee (2002). "Bioremediation in marine environments". *Crit. Rev. Microbiol.* 19: 217-242.

17. Prince, R. C.; J. R. Clark y K. Lee (2002). "Bioremediation effectiveness: removing hydrocarbons while minimizing environmental impact". 9th International Petroleum Environmental Conference. IPEC (Integrated Petroleum Environmental Consortium). Albuquerque, Nuevo México, EUA.

18. Röling, W. F. M.; M. G. Milner; D. Martin Jones; K. Lee; F. Daniel; R. J. P. Swannell e I. M. Head (2002). "Robust hydrocarbon degradation and dynamics of bacterial communities during nutrient-enhanced oil spill bioremediation". *Appl. Environ. Microbiol.* 68: 5537-5548.

19. Seklemova, E.; A. Pavlova y K. Kovacheva (2001). "Biostimulation-based bioremediation of diesel fuel: field demostration". *Biodegradation.* 12: 311-316.

20. Trinidade, P. L. G.; A. C. Sobral; S. G. F. Rizzo; J. L. S. Leite; V. Lemons; S. Milloili y A. U. Soriano (2002). "Evaluation of petroleum hydrocarbon contaminated soils". 9th International Petroleum Environmental Conference. IPEC (Integrated Petroleum Environmental Consortium). Albuquerque, Nuevo México, EUA.

21. Vasudevan, N. y P. Rajaram (2001). "Bioremediation of oil sludge-contaminated soil". *Environ. Inter.* 26: 409-411.

22. Vinas, M.; M. Grifoll; J. Sabate y A. M. Solanas (2002). "Biodegradation of a crude oil by three microbial consortia of different origins and metabolic capabilities". *J. of Industrial Microbiol. and Biotechnol.* 28: 252-260.

Biorremediación: acción de restauración de ambientes contaminados con hidrocarburos aromáticos

Por Juan Manuel Sánchez-Yáñez, Juan Carlos Carrillo Amezcua y Christian Omar Martínez Cámara

CONTENIDO

RESUMEN

Los ambientes contaminados por hidrocarburos alifáticos (HC), aromáticos y/o policíclicos (HAP) requieren una remediación total; un método recomendado es la biorremediación (BR), una acción biológica comunitaria inducida con nutrientes esenciales o bioestimulación (BE) mejorada con un adecuado nivel de oxígeno (O_2), de humedad, un pH conveniente para este objetivo, etcétera. Alternativamente es posible usar BR por bioaumentación (BA), por introducción de microorganismos nativos o modificados por ingeniería genética en la eliminación de HC de sitios contaminados con derivados del petróleo. El propósito de esta revisión es mostrar las principales aplicaciones de la BR y sus ventajas en problemas donde el ambiente es contaminado por HC o HAP para su restauración.

Palabras claves. Mineralización, consorcios microbianos, restauración, ecología.

I. INTRODUCCIÓN

Los hidrocarburos aromáticos y/o policíclicos (HAP) son componentes naturales del petróleo, que consisten en 2 o más anillos bencénicos lineales, angulares o racimos [9, 35]. En la naturaleza se encuentran en mezclas complejas con estructuras de isómeros alquilados que varían en la concentración relativa de sus componentes individuales; se sintetizan por: reacciones térmicas, acciones geológicas, incendios forestales, por combustión incompleta de materia orgánica y durante la generación de energía [1, 31]. Estos compuestos causan contaminación ambiental por derrames o pérdidas cuando se usan, transportan, distribuyen y almacenan [11, 19].

Los HAP son componentes de la creosota, del aceite de antraceno, y existen especialmente en elevada concentración en sitios de refinación del petróleo [36] y en la industria de la preservación de madera. En general, son tóxicos al ambiente y para la vida, por sus propiedades: mutagénicas, cancerígenas y en especial por persistencia en la naturaleza, ya que se fijan en la materia orgánica, a las arcillas del suelo, a sedimentos acuáticos o al polvo del aire, razón para su detección, control y/o eliminación, al igual que algunos biocidas que tienen la misma estructura química, por lo que son difíciles de mineralizar en el suelo, en el agua superficial y subterránea o en el aire; con base en lo anterior, se recomiendan métodos de recuperación de esos ambientes impactados con HAP como: la extracción con solventes, la fijación química, la biorremediación (BR) y la incineración [1, 5, 10, 17].

La BR se emplea en ambientes impactados con HC; una de sus modalidades aprovecha la capacidad microbiana natural o seleccionada por ingeniería genética para consumir esos HC.

En el Cuadro 1 se muestran los principales HAP de acuerdo con la Agencia de Protección Ambiental (EPA) de los Estados Unidos de América, que causan un impacto negativo en la vida y el ambiente [8, 15, 20].

I.1. FENOL Y COMPUESTOS ASOCIADOS

Este compuesto y sus derivados se utilizan como desinfectantes; es tóxico al ambiente, en especial el clorofenol y el cresol, según la Agencia de Protección del Ambiente de los Estados Unidos (EPA, por sus siglas en inglés); mientras que la sal sódica del pentaclorofenol (PCF) es un biocida en la industria de la madera, que por su composición química persiste en la naturaleza; su migración fuera del lugar de vertido causa la contaminación del suelo, agua superficial y acuíferos. En los EUA, por el daño ambiental, obligan a que su aplicación se limite a las torres de enfriamiento, y en sistemas de perforación e inyección en la industria del petróleo [14, 18, 21].

II. MANEJO DE RESIDUOS PELIGROSOS

Es la adecuada disposición de residuos peligrosos (RP), con el propósito de minimizar su impacto negativo en el ambiente; la estrategia correcta reconoce las "cuatro R" [4, 9, 25]:

- Reducir: generar menos RP con métodos de producción efectivos.
- Reusar: reutilizar materiales en su estado químico original.
- Reciclar: convertir los RP en subproductos útiles.
- Recuperar: extraer o aprovechar los componentes reciclables de los RP.

Finalmente, los RP resultantes requieren de otro procedimiento para su transporte y disposición final [6, 22, 30].

II.1. BIOCIDAS

En la industria, estos compuestos se emplean en la generación de energía eléctrica, para evitar la formación de biopelículas que causan la biocorrosión en aleaciones de la maquinaria; un aspecto fundamental de estos antimicrobianos en el agua es que no afecten la salud humana ni el ambiente con base en los siguientes factores [3, 27]:

- a) Una concentración y frecuencia mínima de aplicación efectiva del biocida en el control de biopelículas.
- b) Un programa de mantenimiento del sistema para evitar su uso en exceso.
- c) Una mínima toxicidad del biocida al ambiente.
- d) Una concentración residual efectiva.
- e) El reuso del biocida.
- f) Una mineralización del biocida remanente en la planta de tratamiento de agua doméstica.
- g) Un control de las descargas del biocida o emisiones industriales al ambiente.
- h) El conocer el ordenamiento jurídico vigente y las regulaciones en la disposición final de los biocidas.
- i) El trabajo en la comunidad con organizaciones públicas y privadas en busca de soluciones, en la prevención de

problemas y en la mejora de la legislación relacionada con el empleo de biocidas.

- j) El control de los parámetros ambientales de contaminación por biocidas, con un registro de los casos.

- k) El manejo eficaz del biocida reduce al mínimo la concentración requerida y con esto, los riesgos de impacto ambiental negativo por los residuos generados.

III. EVALUACIÓN DE LA CONTAMINACIÓN AMBIENTAL POR HIDROCARBUROS AROMÁTICOS POLICÍCLICOS (HAP)

Un aspecto clave del programa de BR de un ambiente contaminado por HC y HAP es el grado de extensión del daño en el sitio para adoptar la estrategia idónea, lo que cambia entre los países e inclusive entre gobiernos del mismo lugar [4, 6, 11]. Por ejemplo, los niveles de fenol de riesgo en el ambiente son variables; en suelos de zonas rurales y bosques, están en el intervalo de 0,01-10 mg/kg [12, 19]. Mientras que para otros HAP aromáticos, no existen valores intermedios. En suelos de uso industrial, la concentración de HAP totales, como el pentaclorofenol (PCF), supera en exceso los 100 mg/kg; el valor de referencia para medir el grado de contaminación de estos sitios se divide en tres categorías: lo que justifica el análisis de la situación para la mejor estrategia de BR de ese sitio [17].

En el Cuadro 1 se muestran los valores de referencia de acuerdo con investigaciones en diferentes países para el fenol; además, en la lista, según la EPA, se identifican el tipo de contaminación con HC y HAP y la clase de BR para restaurarlo [1, 18]. Los valores del Cuadro 1 muestran que, en el nivel del impacto negativo ambiental de los HAP, los bajos y cercanos al límite de detección definen la gravedad del daño causado [18, 27].

En el Cuadro 2 se indican los valores máximos de los HAP y fenol en el suelo de un relleno sanitario y en depósitos superficiales según estándares de la EPA [7, 15].

CUADRO 1. Valores de referencia de los hidrocarburos aromáticos policíclicos y aromáticos libres en ambientes en el mundo.

Compuestos	Canadá		Holanda		Re Un
	Suelos (mg/kg)	Agua subterránea (µg/kg)	Suelos (mg/kg)	Agua subterránea (µg/kg)	Su (m kg
	A B C	A' B' C'	A' B' C'	A' B' C'	A_1 A_2
Naftaleno	0,1 5 50	0,2 2	0,01 5 50		
Acenaftileno	0,1 10 100	0,5			
Acenafteno	0,1 10 100	0,5			
Fluoreno	0,1 10 100	0,1			
Fenantreno	0,1 5 50	0,2 2	0,045 10 100	0,02 2 10	
Antraceno	0,1 10 100	0,2	0,5 10 100	0,02 2 10	
Fluoranteno	0,1 10 100	0,1	0,015 10 100	0,005 1 5	
Pireno	0,1 10 100	0,2 2	0,10 10 100		
Benzo-a-antraceno	0,1 1 10	0,1 0,1 0,1	0,02 5 50	0,002 0,5 2	
Criceno	0,1 1 10		0,01 5 50	0,002 0,5 2	
Benzo-a-fluoranteno	0,1 1 10	0,1 0,1 0,1			
Benzo (k) fluoranteno	0,1 1 10	0,1 0,1 0,1	0,025 5 50	0,001 0,5 2	
Benzo-a-pireno	0,1 1 10	0,1 0,1 0,1	0,025 1 10	0,001 0,2 1	
Dibenzo (a) antraceno	0,1 1 10	0,1 0,1 0,1			
Benzo (g) perileno	0,1 1 10	0,1	0,25 1 100	0,0002 1 5	
Indeno (1, 2, 3, cd) pireno	0,1 1 10	0,1 0,1	0,025 5 50	0,0004 0,5 2	
Total HAP	1 20 200	0,2	20 200	10 40	5C 1. 1C
Fenoles no clorados	0,1 1 10	0,1 2			
Clorofenoles totales	0,1 1 10	1 5			

Referencias: **1) Canadá:** A = límite aproximado de detección analítica. B = valores menores, en el suelo escasamente contaminado. C = suelo significativamente contaminado. A' = valor base de referencia. B' = agua potable contaminada. C' = valor mínimo para protección de vida acuática.
2) Holanda: A = límite aproximado de detección analítica. B = valores menores, en el suelo escasamente contaminado. C = suelosignificativamente contaminado. A' = valor base de referencia. B' = valor para inicio de ensayos e/o investigación. C' = valores para áreas cubiertas, edificadas y paisajes.
3) Reino Unido: A1, A2 = valores de alerta. B1, B2 = valores para inicio de biorremediación. Los valores para fenoles no clorados son por compuestos identificados pero no totales e incluyen otro tipo: fenol, cresol (orto, meta y *para), 2,4-dinitrofenol y 2,4-dimetilfenol.*

IV. Parámetros de referencia ambiental con HAP

Cuadro 2. Valores límites de hidrocarburos aromáticos policíclicos y aromáticos libres en el suelo de un relleno sanitario (*landfarming*).

Hidrocarburo aromático	Concentración límite (mg/kg)
Naftaleno	42
Fenantreno	34
Antraceno	28
Pireno	36
Benzo-☒-antraceno	20
Criseno	15
Benzo-☒-pireno	12
Fenol	3,6
Benceno	14
Etilbenceno	14
Tolueno	14
Xilenos totales	22

Referencias: [7, 17, 21]

V. Biorremediación de ambientes contaminados con HAP

La BR de un sitio impactado con HAP se basa en una acción biológica que causa un cambio en la estructura química de los HAP, para transformarlos en compuestos inocuos como el CO_2 y el NH_3. Mientras que la biodegradación (BD) elimina la toxicidad de los HAP [4-6], desde el lado ambiental, aunque lo que en realidad interesa es que desaparezcan las propiedades tóxicas indeseables de los HAP, mediante la adecuación de los factores ambientales relacionados como: aplicación de nutrientes, corrección del pH, demanda de O_2 (oxígeno), de la agitación, etcétera [10-12].

La BD mejorada (*enhanced biodegradation*) es un sinónimo de **bioestimulación** (BE). La BR de lugares contaminados con HAP es posible por bioaumentación (BA) mediante la incorporación de microorganismos alógenos naturales y/o modificados genéticamente con la capacidad de eliminar los HAP y, con ello, su toxicidad [7, 9, 12].

En la BD de ambientes impactados por HAP, los microorganismos usan dos mecanismos:

a) la utilización de los HAP como fuente de carbono y de energía para crecimiento o mantenimiento celular; y/o
b) la eliminación de los HAP del sitio por co-metaboliza-ción, que los transforma pero no los utiliza en su creci-miento; esto es recomendable en la destrucción de HAP de alto peso molecular de 4 o 5 anillos que impactan negativamente aguas y suelos [13-15].

En el Cuadro 3 se muestra una clasificación de los HAP con base en su susceptibilidad a la mineralización, la que dismi-nuye al aumentar el número de anillos fusionados; la condi-ción más favorable para lograrlo es la aerobia. Algunos géneros de actinomicetos o bacterias aerobias obligadas, facultativas y/o microaerofílicas comunes en el suelo con potencial para oxidar esos HAP son: *Aeromonas, Alcaligenes, Azoarcus, Bacillus, Beijerinckia, Burkholderia, Corynebacterium, Cyanobacter, Flavobacterium, Micrococcus, Mycobacterium, Nocardia, Pseudomonas, Rhodomonas, Rhodococcus* y *Vibrion* [16-18]; además, se incluyen bacidiomicetos o setas de los géneros *Phomes, Amanita* y *Genoderma*, así como algunos filamentosos y ciertos tipos de levaduras [19-21].

CUADRO 3. Clasificación de hidrocarburos aromáticos policíclicos mineralizables por biorremediación bajo diversas condiciones ambientales.

Biodegradabilidad *in situ* y *ex situ* de hidrocarburos aromáticos policíclicos	Hidrocarburos aromáticos policíclicos y lineales
Alta	n-alcanos ramificados.
Alta	Aromáticos de 1 anillo: cicloalcanos de 1, 2, 5 y 6 anillos.
Moderada	Cicloalcanos de 3 y 4 anillos, HAP de 2 y 3 anillos.
Resistente	HAP de 4 anillos, esteranos naftenoaromáticos.
Resistente	HAP de 5 y más anillos, asfaltenos; resinas.

Referencias: [2, 3, 12].

CUADRO 4. Factores físicoquímicos que influyen en la biorremediación de ambientes impactados por hidrocarburos aromáticos policíclicos y otros tóxicos derivados del petróleo.

Factores físicos
– Estado físico del HAP: solubilizado, adsorbido, emulsionado.
– Temperatura.
– Presión.
– Modelo de flujo, agitación en sistema líquido en biorreactor.

Factores químicos
– pH.
– Concentración y tipo de macronutrientes: N, P, K, y micronutrientes: Fe, Zn, Cu, B agregados.
– Nivel y velocidad del suministro de oxígeno.
– Salinidad.
– Concentración de los HAP y velocidad de aplicación en el sistema de tratamiento y/o biorreactor.
– Clase y cantidad relativa de los HAP asociados.
– Humedad.
– Tipo de suelo, textura y nivel de materia orgánica.

Factores biológicos
– Diversidad de microorganismos en el sitio.
– Concentración de microorganismos mineralizadores de HAP; nativos y/o los agregados naturales o seleccionados por ingeniería genética.

Referencias: [3, 5, 7].

Los clorofenoles son oxidables fácilmente en aerobiosis por algunos de los géneros bacterianos más reportados, como: *Flavobacterium, Mycobacterium, Pseudomonas* y *Rhodococcus*, además de un basidiomiceto del género *Phanerochaete chrysosporium*; en la BA de sitios impactados con HAP se requiere una previa adaptación de la comunidad microbiana a esta clase de HC [9-16].

VI. Factores que controlan la biorremediación de ambientes impactados por HAP

La BR de ambientes contaminados con HAP y otros tóxicos derivados del petróleo se controla mediante factores físicos, químicos y biológicos mostrados en el Cuadro 4 y que son claves para que la estrategia *in situ* o *ex situ* sea funcional en la restauración ambiental.

La BR de un ambiente contaminado con HAP mediante BA es posible con una comunidad microbiana o con cultivos microbios mixtos; en ambos casos se estimula por enriquecimiento mineral para mejorar la mineralización de los HAP [18, 21, 34].

Mientras que la eficacia de la BR del sitio impactado con HAP por BA depende de la diversidad de la microbiota adaptada a la concentración de esos HC, lo que aumenta la velocidad de la mineralización de los HAP, así como:

- a) La activación de las enzimas específicas de esos microorganismos inoculados para eliminar los HAP.
- b) Al igual que los cambios genéticos en la microbiota que aumentan su capacidad de oxidación de los HAP.
- c) O por el enriquecimiento mineral selectivo para la BE de la microbiota del ambiente, en la mineralización de los HAP, que permanecen por un largo período de tiempo, es necesario que en ese ambiente naturalmente se induzca la adaptación y selección microbiana que oxidan los HAP [22-24].

VII. BIORREMEDIACIÓN DE AMBIENTES CONTAMINADOS CON HAP: ESTRATEGIAS POSIBLES

La BR se aplica en agua, suelos contaminados con HAP, para su conversión en biomasa y minerales: CO_2 y H_2O [25-27]; en los acuáticos es necesario oxigenar el ambiente, combinar primero una fase aerobia y luego una anaerobia [2, 4, 10]. En el Cuadro 6 se da una lista de las ventajas y las desventajas del proceso aerobio comparado con el anaerobio.

La BR de agua impactada con HAP *ex situ* es posible en biorreactor o biodigestor; en este último solo se aplica la condición anaeróbica para: tanques, columnas o torres, canales, lagunas, etcétera [20, 30].

Los tipos de biorreactores para la BR *ex situ* de ambientes impactados con HAP varían según el control en las condiciones de trabajo, como la temperatura, el pH, el modelo de flujo, la clase y concentración de nutrientes, la retención de microorganismos.

Juan Manuel Sánchez Yáñez

Cuadro 5. Problemas en la biorremediación de ambientes impactados con hidrocarburos aromáticos policíclicos y posibles soluciones.

Problema	Alternativas de solución
No existe una población microbiana oxidante de HAP.	Inoculación con microorganismos alóctonos.
Baja densidad de la microbiota mineralizante de HAP.	Adaptación de microorganismos y/o enriquecimiento *in situ*. Bioaumentación del ambiente impactado con HAP con microorganismos alóctonos.
Ausencia de nutrientes para la microbiota nativa y/o alógena mineralizante de HAP.	Solubilizar HAP con detergentes. Usar fertilizantes oleofílicos. Cambiar las propiedades fisicoquímicas del suelo con mejoradores químicos.
La microbiota mineralizante de HAP no crece.	Adición de minerales esenciales para el crecimiento microbiano. Suministro de co-sustrato (coometabolismo). Aumentar la velocidad y concentración de oxígeno o entrada de aire. Reducir la velocidad de enriquecimiento mineral. Hacer pretratamiento fisicoquímico de HAP para disminuir su concentración en el sitio impactado.
Modificación de la condición ambiental extrema del sitio impactado con HAP: pH, temperatura y humedad.	Diseñar un sistema del tratamiento con control de parámetros: pH, O_2, temperatura. Seleccionar un lugar alternativo para el tratamiento de HAP. Emplear la época del año más adecuada para eliminar HAP.

Referencias: [5, 15, 20].

Cuadro 6. Ventajas y desventajas de la biorremediación de ambientes contaminados con hidrocarburos aromáticos policíclicos en anaerobiosis.

Ventajas	Desventajas
– Menor producción de biomasa microbiana que mineraliza HAP. – No se requiere energía para entrada de O_2. – Posible recuperación de gases: metano e hidrógeno. – Retención de la biomasa microbiana en el biorreactor. – Resistencia a elevadas cargas de los HAP. – Mayor tolerancia microbiana mineralizante de HAP a metales pesados.	– Baja velocidad de mineralización en biorreactores. – La microbiota mineralizante de HAP requiere largos períodos de adaptación. – Sensibilidad microbiana al cambio de pH, O_2 y temperatura. – Menor diversidad de rutas del metabolismo microbiano anaeróbico de HAP. – Producción de olores desagradables. – Generación de microbiota patógena.

Referencias: [8, 10, 13].

En el Cuadro 7 se muestra una lista de los principales reactores biológicos para BR *ex situ* de lugares contaminados con HAP [19, 21, 33].

En la BR de suelos o aguas contaminados con los HAP, el O_2 es clave en ello; con base en estos, los tipos se clasifican según la forma de tratar el ambiente y las condiciones ambientales seleccionadas para ese objetivo: como en la BR *in situ* del área impactada con los HAP. Para el caso de la *ex situ*, el ambiente contaminado se excava, se transporta a un biorreactor o sitio adaptado con ese propósito; para la BR en fase sólida, el lugar contaminado con HAP se trata en un lecho acondicionado o en un biorreactor [20, 25, 27].

CUADRO 7. Diseño básico de biorreactores
en biorremediación de suelos y agua contaminados con
hidrocarburos aromáticos policíclicos.

Disposición de la biomasa microbiana	Tipo de proceso	
	Aerobio	Anaerobio
Microorganismos libres	– Tanque agitado con recirculación de biomasa microbiana (lodos) y continua alimentación. – Tanque agitado con nutrientes secuenciales. – *Air-lift*: tanque agitado con aire. – Laguna con sistema de inyección de aire.	– Tanque agitado: digestor clásico. – Tanque agitado c recirculación de biomasa (lodo). – Laguna cubierta: • Sin chicanas. • Con chicanas
Microorganismos agregados en granulados	– Columnas de burbujeo para inyección de O_2.	– Reactor de lecho lodos: • En manto de lodo ascende (*up anaerobic sludge blanke* • Lodo granula (*expanded granular sludge*).
Microorganismos inmovilizados en soporte fijo	– Columnas de lecho fijo, filtro goteador o percolador. – Reactor en fase vapor (biofiltro)*.	– Columna de lech fijo: • Fluido descendente con filtro. • Ascendente.
Microorganismos inmovilizados en soporte móvil	– Lecho fluido. – Contacto biológico rotario en biodisco.	– Lecho fluido. Lecho expandid

Referencias: [5, 16, 25].* = *biorreactor usado para la biorremediación
de efluentes contaminados con gases.*

En el Cuadro 8 se da una lista de tecnologías disponibles para
biorremediación de suelos y lodos contaminados con HAP [2, 24, 27].

CUADRO 8. Algunas tecnologías de biorremediación disponibles para ambientes impactados con hidrocarburos aromáticos policíclicos.

In situ

- Extracción de agua subterránea, tratamiento en superficie y reincorporación del agua con nutrientes con saturación de oxígeno.
- Inyección de aire en la zona contaminada.
- Aplicación de microorganismos, con minerales y peróxido de hidrógeno.
  - Por irrigación o percolación.
  - Por pozo.
- Bioventeo.
- Tecnología combinada.

Biorremediación en fase sólida: ex situ

- En lecho preparado.
- Otros tipos: en suelo cultivado y composta.
- Biopilas tipo *composting*.

Biorremediación en fase barrosa: ex situ

- Biorreactores.
  - Tanques aereados y con agitación.
  - Tambores giratorios.
  - Lagunas aereadas y con agitación.

Referencias: [2, 8, 11].

VIII. Evaluación de la eficacia de la biorremediación de ambientes impactados con HAP

La falta de información sobre la eficacia de la BR lleva a desacreditar su utilidad como tecnología de restauración, y así se requiere de rigurosas pruebas para demostrarla [1, 17, 20].

Con base en la problemática observada en la BR de ambientes contaminados con los HAP, se reporta que:

- a) Los HC se mineralizan mejor y más rápido en condiciones aerobias.
- b) Los microorganismos oxidantes de HAP son más eficaces en biorreactor.
- c) La BR de ambientes naturales impactados por HAP es posible realizarla a escala industrial [28-30].

Dar seguimiento a la desaparición de los HAP por BR es posible por métodos de cromatografía de gases en intervalos de tiempo; se consideran otras variables-respuestas: el consumo de O_2 y la liberación de CO_2 [25, 27].

En el Cuadro 9 se da una lista de parámetros en la evaluación de la BR en ambientes impactados con los HAP; su transformación en biorreactor no implica su mineralización, pues se forman intermediarios tóxicos con mayor movilidad que los originales como los hidrosolubles, mientras que la incorporación de oxígeno aumenta su eliminación [15, 19, 26].

IX. Conclusión

Una práctica de protección al ambiente exige minimizar la cantidad de residuos generados y prevenir la contaminación por derrames o descargas de HC y HAP.

La BR es una opción en la recuperación de ambientes impactados con ambas clases; cada sitio tiene propiedades particulares, y se requiere investigar a nivel de laboratorio y piloto para determinar su eficacia o implementar una específica para las condiciones locales; los ensayos de escalonamiento minimizan los problemas asociados con una BR eficaz y abaten los costos del tratamiento, y por ello es una tecnología útil para recuperar sitios contaminados con HC o HAP.

Agradecimientos. Al Proyecto 2.7 (2011) de la CIC-UMSNH, por el apoyo a esta publicación.

CUADRO 9. Variables-respuestas
para evaluar la biorremediación de ambientes contaminados con hidrocarburos lineales y aromáticos.

Parámetro	Ejemplo	Indicador de biodegradación	Indicador de mineralización
HAP específicos	– HAP (USEPA), fenoles, BPC (1), PCF (2).	Sí	No
Clases de HAP	– Hidrocarburos saturados, hidrocarburos aromáticos, asfaltenos, resinas.	Sí	No
HAP globales	– Hidrocarburos totales, aceites, grasas y fenoles.	Sí	No
Relación del HAP degradable con un recalcitrante	– n-C18/pristano. – n-C17/gitano. – Hopanos.	Sí	No
Perfiles cromatográficos	– Tipos de hidrocarburos.	Sí	No
Productos finales	– CO_2; – Cloruro (3). – CH_4.	Sí	Sí

HAP marcados con C_{13}	— CO_2. — Cloruro (3). — CH_4.	Sí	No
Respirometría/ Radiorrespirometría	— CO_2. — Cloruro (3). — CH_4.	Sí	Sí
Consumo de oxígeno por oxidación de HC	— CO_2. — Cloruro (3). — CH_4.	Sí	No
Carbono orgánico total (COT)/Carbono orgánico disuelto (COD)	— CO_2. — Cloruro (3). — CH_4.	Sí	Sí
Demanda química de oxígeno (DQO)	— CO_2. — Cloruro (3). — CH_4.	Sí	Sí
Toxicidad	— Toxicidad general. — Genotoxicidad.	? (5)	No
Microorganismos oxidantes de HAP	— En placa microscópica de espifluorescencia.	? (5)	No
Microorganismos degradadores de los HAP específicos	— En placa; número más probable (NMP).	? (5)	No

Referencias: [12, 15, 27]. *1) BPC: bifenilos policlorados. 2) PCF: pentaclorofenol. 3) Degradación de HC clorados. 4) Degradación de HC en anaerobiosis. 5) Son parámetros inespecíficos de la degradación de HC.*

La BR de ambientes impactados con los HAP debe mostrar su decremento; además, se emplean variables-respuestas que identifiquen las causas de una baja eficiencia, como la concentración de microorganismos totales degradadores de uno o varios HAP; otras variables-respuestas usadas son: las respirométricas, la producción de CO_2, la relación entre el CO_2 formado y el oxígeno consumido [6, 16, 29]. En general, la densidad de microorganismos oxidantes de los HAP no establece correlación directa con su degradación, y una alta población no es proporcional a su mineralización; un elevado crecimiento microbiano puede ser por el consumo de sustratos orgánicos diferentes a los HAP, y por ello es recomendable seleccionar la mejor combinación de técnicas de BR que aseguren una recuperación del sitio impactado con HC o HAP [9, 19, 29].

X. Bibliografía

1. Abd El-Haleem, D.; H. Moawad; E. Kaki y S. Zaki (2002a). "Molecular characterization of phenol-degrading bacteria isolated from different Egyptian ecosystems". *Microbiol. Ecol.* 43: 217-224.

2. Abd El-Haleem, D.; U. Beshey; A. Abdelhamid; H. Moawad y S. Zaki (2002c). "Effects of mixed nitrogen sources on biodegradation of phenol by immobilized *Acinetobacter* sp. strain W-17". *African J. of Biotechnol.* 2: 8-12.

3. Abd El-Haleem, D. (2003). "*Acinetobacter*: environmental and biotechnological applications". *African J. of Biotechnol.* 2: 71-74.

4. Admon, S.; M. Green e Y. Avnimelech (2001). "Biodegradation kinetics of hydrocarbon in soil during land treatment of oily sludge". *Bioremediation J.* 5: 193-209.

5. Agency for Toxic Substances and Disease Registry (ATSDR) (1997). "Toxicological profile for benzene". U.S. Public Health Service. U.S. Department of Health and Human Services. Atlanta, Georgia, EUA.

6. Atagana, H. I.; R. J. Haynes y F. M. Wallis (2003). "The use of surfactants as possible enhancers in bioremediation of creosote contaminated soil". *Water, Air, and Soil Pollution.* 142: 137-149.

7. Bachoon, D. S.; R. Araujo; M. Molina y R. E. Hodson (2001). "Microbial community dynamics and evaluation of bioremediation strategies in oil-impacted salt marsh sediment microcosms". *J. of Industrial Microbiol. and Biotechnol.* 27: 72-79.

8. Bai, G. Y.; M. L. Brusseau y R. M. Miller (1997). "Biosurfactant enhanced removal of residual hydrocarbon from soil". *J. Contam. Hydrol.* 25: 157-170.

9. Baldrian, P.; C. Der Wiesche; J. Gabriel; F. Nerud y F. Zadrazil (2000). "Influence of cadmium and mercury on activities of ligninolytic enzymes degradation of polycyclic aromatic hydrocarbons by *Pleurotus ostreatus* in soil". *Appl. Environ. Microbiol.* 66: 2471-2478.

10. Banat, I. M.; R. S. Makkar y S. S. Cameotra (2000). "Potential commercial applications of microbial surfactants". *Appl. Microbiol. Biotechnol.* 53: 495-508.

11. Barathi, S. y N. Vasudevan (2001). "Utilization of petroleum hydrocarbons by *Pseudomonas fluorescens* isolated from a petroleum-contaminated soil". *Environ. Inter.* 26: 413-416.

12. Baryshnikova, L. M.; V. G. Grishchenkov; M. U. Arinbasarov; A. N. Shkidchenko y A. M. Boronin (2001). "Biodegradation of oil products by degrader strains and their associations in liquid media". *Prikl. Biokhim. Mikrobiol.* 37: 542-548.

13. Beaudette, L. A.; O. P. Ward; M. A. Pickard y P. M. Fedorak (2000). "Low surfactant concentration increases fungal mineralization of a PCB congener but has no effect on overall metabolism". *Lett. Appl. Microbiol.* 30: 155-160.

14. Beshey, U.; D. Abd El-Haleem; H. Moawad y S. Zaki (2002). "Phenol biodegradation by free and immobilized *Acinetobacter*". *Biotechnol. Lett.* 24: 1295-1297.

15. Boonchan, S.; M. L. Britz y G. A. Stanley (2000). "Degradation and mineralization of high-molecular-weight polycyclic aromatic hydrocarbons by defined fungal-bacterial co-cultures". *Appl. Environ. Microbiol.* 66: 1007-1019.

16. Boswell, C. D.; R. E. Dick; H. Eccles y L. E. Macaskie (2001). "Phosphate uptake and release by *Acinetobacter johnsonii* in continuous culture and coupling of phosphate release to heavy metal accumulation". *J. Ind. Microbiol. Biotechnol.* 26: 333-340.

17. Bouchez-Näitali, M.; D. Blanchet; V. Bardin y J. Vandecasteele (2001). "Evidence for interfacial uptake in hexadecane degradation by *Rhodococcus equi*: the importance of cell flocculation". *Microbiology.* 147: 2537-2543.

18. Braddock, J.; M. Ruth; P. Catterall; J. Walworth y K. McCarthy (1997). "Enhancement and inhibition of microbial activity in hydrocarbon-contaminated Arctic soils: implications for nutrient amended bioremediation". *Environ. Sci. Technol.* 31: 2078-2084.

19. Breedveld, G. D. y M. Sparrevik (2001). "Nutrient-limited biodegradation of PAH in various soil strata at a creosote contaminated site". *Biodegradation.* 11: 391-399.

20. Roberts, J. A.; P. M. Sutton y P. N. Mishra (2000). "Application of the membrane biological reactor system for

combined sanitary and industrial wastewater treatment". *Inter. Biodeter. and Biodegr.* 46: 37-42.

21. Santos, J. C.; G. L. M. O. Santos; F. S. M. Sinfrônio; M. A. Silva; E. V. Sobrinho; M. M. Conceição; V. J. Fernandes Jr. y A. G. Souza (2005). "Thermodynamic and kinetic parameters on thermal degradation of automotive mineral lubricant oils determined using thermogravimetry". *Thermal Analysis Calorimetry.* 79: 461-467.

22. SEDESOL/INE (Secretaría de Desarrollo Social/Instituto Nacional de Ecología) (1993). Norma Oficial Mexicana NOM-055-ECOL-1993. *Diario Oficial de la Federación.* México.

23. SEMARNAT (Secretaría del Medio Ambiente y Recursos Naturales) (1996). Ley General del Equilibrio Ecológico y Protección al Ambiente. México.

24. Suvilampi, J.; A. Lehtomaki y J. Rintala (2003). "Comparison of laboratory-scale thermophilic biofilm and activated sludge processes integrated with a mesophilic activated sludge process". *Bioresour. Technol.* 88: 207-214.

25. Taylor, G. T. (2001). "Evaluation of the potential of biodegradation for the disposal of cutting fluid from the machining of uranium". *Inter. Biodeter. and Biodegr.* 47: 215-224.

26. Ubiratan Escorel De Azevedo, P. (2002). *Reporte final analítico: revisión y análisis de las experiencias de Argentina, Brasil, Colombia, Ecuador y México respecto a los cinco elementos claves para el manejo ambiental de lubricantes usados.* Ed. Red Panamericana de Manejo de Residuos (REPAMAR) y Centro Panamericano de Ingeniería Sanitaria y Ciencias del Ambiente (CEPIS). 1-15.

27. Uniqema (2003). *Metal-working Fluids.* http://www.uniqema.com/lubricants/lit/lub1/index.htm.

28. Ministry for the Environment. 2000. *Used Oil Recovery, Reuse and Disposal in New Zealand: Issues and Options.* Nueva Zelanda.

29. USEPA (1991). "Understanding bioremediation: a guidebook for citizens". EPA/540/2-91/002. Office of Research and Development. Washington, D.C., EUA.

30. USEPA (2000). "Engineered approaches to *in situ* bioremediation of chlorinated solvents: fundamentals and field applications". EPA-542-R-00-008. Cincinnati, Ohio, EUA.

31. Van der Gast, C. J.; A. S. Whiteley; A. K. Lilley; C. J. Knowles e I. P. Thompson (2003). "Bacterial community structure and function in a metal-working fluid". *Environ. Microbiol.* 5: 453-461.

32. Van der Gast, C. J.; A. S. Whiteley e I. P. Thompson (2004). "Temporal dynamics and degradation activity of a bacterial inoculum for treating waste metal-working fluid". *Environ. Microbiol.* 6: 254-263.

33. Vogel, T. M. y M. V. Walter (2001). "Bioaugmentation". C. J. Hurst, R. L. Crawford, G. R. Knudsen, M. J. McInerney y L. D. Stetzenbach. *Manual of Environmental Microbiology.* American Society for Microbiology Press. Washington, D.C., EUA. 952-959.

34. Willing, A. (2001). "Lubricants based on renewable resources-an environmentally compatible alternative to mineral oil products". *Chemosphere.* 43: 89-98.

35. Wongsa, P.; M. Tanaka; A. Ueno; M. Hasanuzzaman; I. Yumoto y H. Okuyama (2004). "Isolation and characterization of novel strains of *Pseudomonas aeruginosa* and *Serratia marcescens.* Possessing high efficiency to degrade gasoline, kerosene, diesel oil, and lubricating oil". *Current Microbiology.* 49: 415-422.

Biorremediación *IN SITU* de ambientes impactados con hidrocarburos

*Por Javier Villegas Moreno y
Juan Manuel Sánchez-Yáñez*

CONTENIDO

RESUMEN

La biorremediación (BR) es un conjunto de estrategias para reducir, eliminar hidrocarburos (HC) en suelo, en aguas superficiales y subterráneas, con el uso de microorganismos y plantas. La BR se divide en: bioestimulación (BS) –aplicar minerales esenciales al sitio contaminado para inducir la actividad microbiana nativa que destruya el contaminante–, bioaumentación (BA) –inocular microorganismos especializados en destruir tóxicos ambientales en un sitio o reactor diseñado para ello– y fitorremediación (FR) –usar plantas especializadas en eliminar compuestos que contaminan el ambiente–. El objetivo de esta revisión es dar una perspectiva de la BR de ambientes aplicada *in situ*.

Palabras claves. Contaminación, hidrocarburos, suelo, agua.

I. FUNDAMENTOS DE LA BIORREMEDIACIÓN *IN SITU* (BIS)

La biorremediación *in situ* es el tratamiento en el lugar, sin excavar de unsuelo y/o transportar aguas subterráneas contaminadas con hidrocarburos (HC). La BIS de estos compuestos *in situ* involucra la mineralización de los HC en elementos y/o compuestos sencillos sin toxicidad al ambiente. Básicamente, la BIS recicla o redistribuye en el suelo o en el agua los principales elementos de la vida, como carbono (C), nitrógeno (N) y fósforo (P), que son esenciales en el mantenimiento de los ciclos biogeoquímicos; se aplica a residuos peligrosos (RP).

II. Biorremediación de ambientes impactados con residuos tóxicos

La BIS de RP en sistemas poco profundos del tipo de aguas subterráneas se logra por el paso de un filtro para separar del acuífero los sólidos en suspensión; también se usa el sistema de tratamiento en la superficie en biorreactor o sistema de arrastre por aire, después de agregar nutrientes con receptores de electrones en la zona cercana a la fuente de contaminación en foso de un depósito excavado, que acumula agua subterránea con nutrientes para algunos géneros de bacterias autóctonas; mientras que por la acción por gravedad y el bombeo de los pozos de recuperación, arrastran las aguas subterráneas por encima de los suelos para la BIS de HC. En este caso, el C no es un factor limitante en el subsuelo contaminado y requiere que se enriquezca con compuestos solubles de N y P. Es fundamental determinar qué minerales y qué concentración limitan la BIS para aumentarla y/o mejorarla.

En la segunda forma, se introduce aire en la zona vadosa a velocidad lenta para evitar la deshidratación microbiana en esos suelos y en agua; se agrega con nutrientes, con un rociador con un sistema de drenaje, debajo de la zona contaminada, donde se construyen tuberías horizontales para captar el agua añadida y aspirar el aire hasta el acuífero; a esto se le conoce como **bioventilación**.

III. Factores limitantes de la BIS

III.1. Perfil del área contaminada

La BIS requiere las propiedades del suelo, del acuífero, al igual que determinar:

- a) la extensión horizontal y la vertical de la contaminación;
- b) si impacta en el agua subterránea, suelo ó en el subsuelo;
- c) la profundidad de esa agua;
- d) la conductividad hidráulica; y/o
- e) la permeabilidad de los suelos;
- f) el coeficiente de almacenamiento del acuífero;
- g) la zona de influencia de los pozos de recuperación o reinyección;
- h) la dirección del flujo de las aguas subterráneas para recibir el agua reciclada;
- i) el intercambio de cationes del suelo para medir la adsorción de nutrientes en las arcillas;
- j) la composición aniónica y catiónica del suelo y del agua subterránea [1, 3, 5].

Existen métodos geotécnicos necesarios para la BIS, como las técnicas de perforación, instalación de los pozos de control para asegurar que se utiliza un diseño adecuado según se indica en el Cuadro 1 [2, 4, 6].

El éxito en el tratamiento de una zona contaminada con HC se basa en el conocimiento de la geología, la geoquímica y la hidrología, del reciclaje o introducción del agua en la superficie del suelo o subsuperficie; además, es vital un control hidrológico para que el agua no llegue a zonas no deseadas, y también es necesario evitar la adición excesiva de nutrientes a los microorganismos en el flujo del agua subterránea en áreas no contaminadas. La geología y la geoquímica son importantes en el sitio para la previsión de interacciones químicas entre los suelos o en aguas subterráneas y con los minerales agregados; esto es relevante cuando se añaden fosfatos a suelos y aguas con un alto contenido en calcio [9, 13]. Ambas situaciones provocan una precipitación y la formación de compuestos de hierro o magnesio que no son problemas insuperables para diseñar sistemas que los eliminen [7].

CUADRO 1. Métodos para el análisis de suelos para su biorremediación cuando son impactados por hidrocarburos.

Parámetro
– Tamaño de la partícula.
– Contenido de la humedad.
– Densidad relativa mínima.
– Densidad *in situ*.
– Gravedad específica.
– Límites de Atterberg.
– Densidad bruta.
– Descripción de suelos.
– Conductividad hidráulica en la zona vadosa.

Referencias: [2, 6, 10].

Otros factores que se miden son la localización de objetos enterrados (cables eléctricos, tubos de agua, alcantarillas), la topografía, las fuentes de contaminación y su extensión.

IV. DIVERSIDAD MICROBIANA NATIVA O AUTÓCTONA

Los microorganismos en el subsuelo provienen de la superficie, demostrado por métodos de detección, distribución y actividad metabólica; algunos géneros bacterianos reportados son *Pseudomonas* y *Arthrobacter*, que oxidan gasolina absorbida por arcillas, equivalente a 2 g de gasolina/g de célula bacteriana, lo que prueba la existencia de bacterias oxidantes de HC en aguas subterráneas contaminadas con petróleo.

La microbiota en los sedimentos fluviales del río se adapta por exposición continua☒-nitrofenol, por las tasas de mineralización de algunos HC aromáticos y bromuro de etileno (*BET*), y aunque el ☒-nitrofenol se oxidó, el fenol ☒-cresol y el *BET* se mineralizaron rápidamente.

En esa adaptación o selección de microorganismos heterotróficos para una eficaz BIS de HC en el ambiente, como el creosota que causa una pérdida de uno o dos órdenes de magnitud de la población microbiana sensible a este tipo de HC, pero no así de la que es capaz de mineralizarla, mientras normalmente microorganismos tan especializados en consumir creosota no existen en suelos sin contaminar con HC [9, 16, 17].

Los HC ejercen una presión selectiva sobre la microbiota nativa, ya que existe un intercambio y modificaciones genéticas naturales en esa población microbiana, en respuesta a la amplia gama de HC, en donde por la coexistencia de la diversidad metabólica de esos grupos reportada en suelos, en ambientes marítimos, que tienen cinéticas no lineales en la mineralización de HC, al igual que en otros géneros de procariotes específicos que los consumen, se reporta que estas células contienen plásmidos que codifican para la oxidación de HC en zonas donde estos son los principales contaminantes; estos ADN extracromosómicos se reportan en procariotes que crecen en las perforaciones profundas impactadas con petróleo, en comparación con la ausencia de estos plásmidos en la microbiota de otros sitios sin impactar con HC.

La diversidad de la microbiota provoca cinéticas multifásicas en la BDIS en aguas subterráneas con HC, en donde esta oxida HC, si tiene suficientes minerales en el subsuelo, que normalmente es deficiente en uno o más nutrientes esenciales para una eficiente BDIS. Son necesarios experimentos con minerales básicos que, en concentración suficiente en suelo y agua subterránea, hagan que la BIS sea funcional; es conveniente enriquecer con una fuente de nitrógeno (N): NH_4^+ y/o NO_3^- con PO_4^- y otros micronutrientes. Si el ambiente es anóxico, se afectará negativamente el estado de oxidación-reducción de esos HC, al igual que su biodisponibilidad química, por lo que es necesario el uso de detergentes.

En general, el bajo nivel de O_2 limita la BIS de los HC del tipo aromático como: benceno, tolueno y xileno (BTX); en este caso, el ensayo de la biorremediación requiere O_2 u otro receptor de electrones al acuífero para favorecer la BIS de ambientes contaminados con BTX.

V. Limitantes de la BIS

Existen cuatro factores que limitan la aplicación de la BIS:
- El tiempo de remediación.
- La generación de metabolitos recalcitrantes.
- La geoquímica y la hidrología del sitio impactado.
- Otros factores ambientales (temperatura, pH, nivel de humedad, etc.).

V.1. Tiempo

La BIS no es instantánea, requiere tiempo para el trabajo geotécnico, para que los microorganismos eliminen los HC *in situ*; es obligado limpiar una zona en un marco temporal limitado, con métodos tradicionales de bombeo y un tratamiento rápido en la mayoría de los casos, excepto la excavación. La BID es breve y, ya que las tecnologías de bombeo sí utilizan el arrastre por aire o un biorreactor para la superficie, las combinaciones de ambas son más rápidas que una tecnología individual.

V.2. Producción de metabolitos recalcitrantes

Para determinar el aumento de la población microbiana autóctona, el grado de BIS en el laboratorio, el potencial de los productos metabólicos no deseados, si no se estimula el crecimiento de la microbiota oxidante de HC, la BIS mínima recomendable es de un 20-29% en 4-6 semanas; si no sucede así, se sugiere el uso de otras tecnologías en la recuperación de una zona contaminada. Igual de grave es la generación de metabolitos recalcitrantes, derivados de la biotransformación y no de la mineralización. La BIS es una elección razonable si los metabolitos son inocuos; deben evaluarse los riesgos y la posibilidad de incluir un sistema de tratamiento en el subsuelo.

Uno de los intermediarios de la biodegradación (BD) del clorobenceno es el 3-clorocatecol, que se descubrió por el crecimiento en un medio de cultivo de ciertos géneros de enterobacterias, que tras su absorción generan colonias de color púrpura al acumular 3-clorocatecol y clorobenceno; mientras que los consorcios bacterianos mineralizan mejor las mezclas complejas de HC que los cultivos puros de laboratorio, y de este modo se evita acumulación de productos metabólicos recalcitrantes. Pero se ha desarrollado una BIS de ambientes contaminados con HC práctica, para los bifenilos policlorados (PCB), como los hidrocarburos policíclicos aromáticos (HPA), con anillos de 6 o más, los que se mezclan con radioisótopos, con metales como el cadmio (Cd), el mercurio (Hg) o el cromo (Cr): en estudio de tratabilidad, se tiene que demostrar que no se produce movilización de complejos metálicos, los que permanecen inmóviles. Algunos cambios sutiles en el pH o en el contenido orgánico alteran el estado de oxidación de un metal, y su movilidad causa un problema donde no existía, en tanto que el metabolismo microbiano induce la precipitación de metales, en forma de sulfuros en anaerobiosis; esto es ventajoso en el acuífero, pues la precipitación selectiva *in situ* de los metales es útil, pero tiene que ser investigada para definir su seguridad.

V.3. Geoquímica e hidrología

Un factor limitante en BIS es el control de aguas subterráneas, problema de cualquier tecnología correctora, más relevante cuando, al agregar nutrientes y/u O_2 en el subsuelo, aunque sin control en la distribución de las aguas recicladas con nutrientes, no existe indicación de si las enmiendas llegan a la zona contaminada o afectan otras regiones; el período de recuperación que conduzca a una BIS puede ser costoso, pues el enriquecimiento innecesario de las aguas subterráneas es un problema. Las condiciones que provocan un escenario como este son: un lecho de roca fracturado, un acuífero definido en forma pobre e incompleta, aunque la arcilla no es el mejor ambiente para una BIS, siempre que sea posible mover el agua y los nutrientes en el acuífero aunque sea lento; se recomienda la BIS en una formación poco permeable que tarde más en alcanzar los niveles de limpieza, en donde el tiempo no es un factor crítico. La BIS es posible en sitios con arcilla arenosa, y en estas circunstancias cualquier tecnología de tratamiento requiere más tiempo que en un lugar permeable ($>10^{-5}$ cm/s).

V.4. Otros factores ambientales

Son los de mayor impacto en la BIS, como la temperatura, el pH y el potencial redox en principio; la temperatura de las aguas subterráneas no cambia con las estaciones, solo un ligero decremento de 3 a 4 °C en el invierno: estas fluctuaciones no están fuera de los límites del crecimiento microbiano adaptado al acuífero. El pH del acuífero normalmente es de

6-9, y en algunos casos los contaminantes bajan el pH a 4; el problema potencial es por ese cambio drástico causado por la acidez. Durante la BD, si el acuífero no la amortigua con los compuestos clorados, se producen elevadas cantidades del ion de cloruro, que produce a su vez una caída del pH, con inhibición de la actividad microbiana, lo que además moviliza compuestos y elementos insolubles.

El potencial redox o la cantidad de oxígeno (O_2) requerida en el acuífero, para la eliminación de los HC cuando es poco profundo de menos de 60 m, es inyectar o agregar alguna forma de O_2. Mientras que en acuíferos profundos solo se añaden aceptores finales de electrones inorgánicos como: sulfato (SO_4^{-2}) o nitrato (NO_3^-). Con el modelo de Bioplume II se confirma que el O_2 se eleva al bajar el nivel de NO_3; así pozos con una concentración >0,9 ppm de BTX necesitan una concentración de O_2 disuelto mayor que aquellos con un nivel >1,0 ppm de BTX que necesitan una menor cantidad de O_2 para lograr una adecuada BIS. En general, el O_2 es un factor crítico en la BIS de lugares impactados con HC, lo que se resuelve con la inyección de aire en el caso de un subsuelo, mediante: O_2 puro, peróxido de hidrógeno (H_2O_2) o con NO_3, a desventaja de inyectar O_2 es que se oxidan algunos elementos importantes para los microorganismos que eliminan HC como: el hierro ferroso (Fe^{-2}) y el magnesio (Mg^{2+}) que se precipitan y provocan el taponamiento del acuífero, problema que se evita con un adecuado manejo del pH del ambiente impactado con HC.

VI. Ventajas de la BIS

Entre las ventajas al aumentar la velocidad de la BIS, que reduce el tiempo de recuperación del acuífero, en comparación con una tecnología de bombeo, se tratan al mismo tiempo el subsuelo y las aguas subterráneas, y de esa manera se evita que lixivien a largo plazo los HC; cuando es agua subterránea, se usa aire por arrastre o en un biorreactor en la superficie. El suelo actúa como un depósito de HC en donde los microorganismos lentamente se mueven hacia al agua subterránea; ello depende del coeficiente de reparto de los HC en la arcilla del suelo, en las fases de agua y gas.

Otra ventaja de la BIS de ambientes en condiciones aerobias es que los HC se mineralizan a CO_2, agua, biomasa. Mientras que aunque la incineración de HC es rápida y bajo costo es difícil obtener permisos para realizarla; el gasto del transporte, de la excavación, de la recuperación, es de entre 3 y 10 veces mayor que la BIS por la microbiota autóctona del ambiente impactado con HC.

VII. Casos de aplicación de la BIS con HIDROCARBUROS

La primera BIS de ambientes impactados por HC fue reportada en 1975, en un derrame de un oleoducto en Pensilvania, EUA, que contaminó una formación dolomítica con gasolina; después de la recuperación del producto libre y de la adición de 58 toneladas de sulfato de amoníaco (NH_4SO_4), 29 toneladas de fosfato mono/dibásico (HPO_4/H_2PO_4) y aire, el resultado estimó que se habían eliminado 173 m^3 equivalentes a 1.080 barriles de gasolina, lo que representó un tercio del original, 509 m^3 o 3.200 barriles; ahí el número de bacterias oxidantes de HC (BOHC) al iniciar fue de 1 x 10^3 a 1 x 10^4 UFC de/ml y alcanzaron un máximo de 4,2 x 10^6 UFC de/ml; antes de reducir la población cuando desapareció la fuente de C proveniente de la gasolina. Estudios similares se reportaron con BIS en acuíferos arenosos en Millville, New Jersey; Long Island, Nueva York; y Watsonville, California, EUA; en cada caso, con descripción de la geología/hidrología, con ensayos de tratabilidad al agregar nutrientes y O_2 para mejor la BIS del sitio impactado con HC.

El trabajo pionero de BIS en ambientes contaminados con HC se centra en la descripción de la geología, de la hidrología, de la concentración de HC y su distribución entre la fase acuosa sólida entre el suelo, el subsuelo y el acuífero dependiente de la conductividad hidráulica.

Un ensayo de campo de BIS se realizó en la Estación Aérea de los Guardacostas de Traverse City, Michigan, EUA, contaminado con 38 m³ o 10.000 galones de combustible de reactores JP-4 por una junta rota en un depósito subterráneo, en un área de 1,6 km o 1 milla, en el lago Michigan. En este acuífero poco profundo de arena y grava, la mayor hasta el agua subterránea fue de 4,5 m y su flujo tuvo una dirección noroeste hacia East Bay; así se diseñó un ensayo piloto para evaluar la necesidad de agregar nutrientes para inducir a la microbiota del lugar a la oxidación de los HC que aumentó su BIS; el área de trabajo fue una parcela de 10 por 30 m, en la que se instalaron 5 pozos de inyección; 9 pozos de control de 10 cm y 12 de pequeño diámetro, de distinta profundidad de entre 4 m y 8,5 m por debajo de la superficie, equipados con sondas especiales. El diseño y operación del sistema siguió el modelo de ordenador Bioplume II después de calcular la demanda de O_2 del sistema, una velocidad de flujo de 9 m³/h o 40 galones por minuto (gpm) para subir el nivel freático 30 cm y alcanzar el material atrapado en el borde capilar; el agua se dividió e inyectaron directamente 4,5 m³/h (20 gpm), mientras que 2,5 m³/h (11 gpm) se trataron con nutrientes antes de la inyección de aire; se suministró O_2 en el período del ensayo piloto, después del O_2 líquido; se realizaron pruebas con un trazador para medir el transporte del O_2 disuelto, del cloruro (Cl), del NH_4 y del PO_4; además de los nutrientes y el O_2, se controló la concentración de los BTX: el benceno, tolueno, etilbenceno y xileno; el pH, la conductividad hidráulica, la temperatura, el nivel del agua y la densidad microbiana capaz de oxidar los BTX se analizaron con procedimientos estándares. Los testigos se colectaron asépticamente antes de iniciar el proyecto, después de 3 meses de operación y luego de 5 meses. Los resultados de 9 meses de trabajo mostraron que el consumo de O_2 y los nutrientes disminuyeron la cantidad de BTEX, hecho indicativo de la actividad oxidante microbiana de HC; con un incremento de un orden de magnitud en las BOHC en los niveles más profundos, dependiente del O_2, de los nutrientes y de la concentración de BTX, hasta el nivel indetectable o <10 ppb; como se planeó en el acuífero arenoso, la permeabilidad que se mejoro por la adición de H_2O_2 durante la BIS del acuífero contaminado con este tipo de HC.

VII.1. PROBLEMAS CON EL OXÍGENO

La adición de H_2O_2 en un sistema BIS es para la mineralización rápida de HC, al igual que NO_3 como aceptor final de electrones. Una de las primeras operaciones en las que se empleó el NO_3 fue en la degradación anaerobia de HC en el valle del Rhin, en Sasarbrücken, Alemania. Según el tamaño de la zona contaminada, el Fe y el metano (CH_4) fueron problema, al agua filtrante se le añadieron; cloruro de amoníaco (NH_4Cl), fosfatos (PO^{-3}_4) y NO_3 en concentración de 4 mg/mg de HC; el agua de lavado se saturó con O_2 y N. Los HC alifáticos disminuyeron desde un nivel inicial de 2 mg/l, al igual que los xilenos hasta 0,08 mg/l; durante los 24 meses de operación, sin embargo, la cantidad de O_2 inyectada no justificó el grado de BIS, en cambio concluyó que la opción económicamente viable fue el NO_3 como aceptor final de electrones.

En la Estación Aérea de los Guardacostas de Traverse City, Michigan, EUA, se realizó otro estudio de BIS de agua impactada con HC en condición anaerobia. Para el ensayo piloto se agregaron nitrato de sodio (NO_3Na), PO^{-3}_4 y NH_4Cl

por infiltración con agua recirculada, en una parcela de 10 m por 10 m, con una pendiente arriba de la zona aerobia, en donde la desaparición del benceno y del tolueno coincidió con el suministro de O_2 al acuífero; en agua aireada recirculada, el incremento de NO_3 en agua subterránea recuperada coincidió con la desaparición de los m- y p-xilenos; lo que indicó que el NO_3 fue conveniente en la BIS del acuífero impactado con xileno. El benceno pasó de 0,84 a 0,032 mg/kg, el tolueno de 33 a 0,013 mg/kg y el o-xileno de 26 a 3,2 mg/kg; la concentración de alquilbenceno se redujo en más del 90%, pero aún había nivel de 17 a 258 mg/kg de peso seco, lo que constató que hubo acciones aerobias y anaerobias en la BIS del ambiente contaminado por BTEX de componentes del combustible JP-4. Hubo intentos por recuperar el CH_4 en los suelos arenosos porosos, ahí se diseñó un sistema seguro con materiales a prueba de explosión y una fórmula para diluir el 75% del CH_4 en la atmósfera hasta un 5%, especialmente en sistemas de recuperación del gas; por lo tanto, la presencia del metano implica una BIS anaerobia natural.

VII.2. BIS EN ZONA VADOSA

Ocurre cuando no es posible elevar el agua desde la zona saturada hasta la vadosa en la BIS con pobre permeabilidad, de capacidad de retención del agua, o cuando la profundidad del agua subterránea es mayor de 3-6 m. Recientes avances en el diseño de ingeniería desarrollaron un tratamiento *in situ* en la zona vadosa, con inyección forzada de aire, humedad y nutrientes al suelo; añadieron 125 kg de gasolina al suelo arenoso que se ventiló con un sistema al vacío conectado a drenes. Se agregaron nutrientes para una relación C:N:P de 100:10:2; se construyeron drenes para recuperar el agua añadida; durante 250 días, la concentración de gasolina en la arena descendió desde 17.000 ppm hasta <100 ppm. Se calculó que el 58% separó por evaporación por ventilación, el 27% desapareció por la BIS, el 7,5% se incorporó al agua recuperada, el 6,8% se perdió por evaporación no controlada. Se realizaron estudios pilotos con HC; existe una patente para usar un sistema al vacío en la zona vadosa que aumenta la BIS mediante la ventilación del suelo. La ventaja de estos sistemas es que se extraen o empujan en la zona vadosa cantidades de aire, y esto permite introducir oxígeno en proporción mayor; por ejemplo, 1,7 m³/h (1 scfm) agrega 23 lb/día de oxígeno en el suelo. Otra es que los gases penetran fácilmente más que los líquidos, lo que incrementa la transferencia de los líquidos y aumenta la transferencia del oxígeno para la BIS. Esta tecnología de ventilación del suelo se adapta a la mayor parte de la contaminación con gasolina residual a profundidad de 3-4 m, por debajo de la superficie terrestre en una región de fluctuaciones estacionales en el agua subterránea. Se construyeron 6 pozos para la extracción del vapor del suelo que pasaron por columnas de carbón vegetal, para tratarlos antes de su emisión a la atmósfera; así se controló el gas efluente y el CO_2, del 11%, descendió al 1,4% de los HC.

En la Base Aérea de Hill, Utah, EUA, se produjo un derrame de JP-4 que provocó la emisión de 102,2 m³ o 27 galones de combustible; 7,6 m³ o 2.000 galones se recuperaron como producto libre, y el combustible restante se retuvo en los suelos no saturados de un área de aproximadamente 4.050 m² o 1 acre, a 17 m de profundidad al nivel freático, a 200 m de la superficie; se empleó una ventilación del suelo de alto volumen durante 9 meses, y así se calculó que se degradó entre el 15 y 25% de los HC; los productos volátiles se recogieron con ventilación de suelo de alto volumen; después se instaló un sistema de bioventilación que operaba a velocidad igual a la tercera parte, o la mitad de la velocidad del volumen, y que controló el efecto provocado por la adición de agua y nutrientes en base al control de los gases *in situ* y en las chimeneas de ventilación; se concluyó que el 80-90% de la disminución de los HC se atribuye a BIS con humedad. La combinación de bioventilación de alto y bajo volumen redujo el nivel de HC en el suelo desde una medida de 410 mg/kg antes de la ventilación hasta 2,8 mg/kg después de 212 meses de tiempo total de tratamiento. Estos resultados muestran los efectos beneficiosos de los minerales para un derrame de combustible de reactor en la Base Aérea de Tyndall, Florida, EUA. Un ensayo piloto de 7 meses mostró que solo el 55% de los HC se biodegrada; al ajustar al flujo de aire con base en el consumo de oxígeno del 2 al 4%, el resultado se incrementó hasta el 85%, en donde ni la humedad ni los nutrientes tuvieron ningún impacto en el nivel de BD.

La técnica de bioventilación del suelo se estimula con inyección de aire y nutrientes al nivel freático, con succión por el vacío en suelos para forzar aire húmedo; a través de la franja capilar y de la zona vadosa se patentó una modificación de este diseño denominado "bioventilación *in situ*". En la zona de Savannah River, EUA, se realizó un ensayo que reportó la eliminación de 7.250 kg (16.000 lb) de disolventes clorados durante 139 días, con un pozo perforado horizontal de 50 m por debajo de la zona contaminada; así se localizó un segundo pozo horizontal en la vadosa a profundidad de 23 m, se introdujo aire purgado al pozo inferior, con vacío en el pozo superior; la separación se incrementó a unos 9,5 kg/día más que lo obtenido por la extracción horizontal al vacío, 5 veces más eficaz que la del pozo vertical de extracción con vacío; en este ensayo no se añadieron nutrientes, hubo un incremento en la biomasa por aumento del flujo de aire en el acuífero. Este sistema funciona como un proceso de bioventilación *in situ* con la adición de los nutrientes, mejora la velocidad de BD y los gases expulsados se controlan derivado del aumento de CO_2 por la mayor actividad microbiana.

VII.3. Zonas contaminadas con creosota e hidrocarburos policíclicos (HPC)

En los estudios de casos descritos, en especial en la reducción de la fracción BTEX y de los niveles de TPH, que son mezclas complejas de compuestos orgánicos alifáticos en suelo, los microorganismos degradan una porción importante de esas mezclas. Los anillos de 6 miembros o más son más recalcitrantes: cuanto mayor sea el peso molecular, más lenta será su velocidad de BD; la mayor parte de los HPA son cancerígenos, contienen 5 o menos anillos. Pocos estudios existen de la BIS de HPA, en parte porque las industrias los utilizan o producen en plantas de coque, fábricas de gas o de tratamiento de madera, y se localizan zonas no residenciales: estos compuestos no son altamente volátiles o solubles en agua, ni son móviles en agua subterránea como los BTEX; su velocidad de BD es más lenta e igual para su BIS.

VII.4. Otras aplicaciones de la BIS con tóxicos ambientales orgánicos

En biorreactor se combinó con una película suspendida e inyección pendiente arriba de agua tratada en pozos de aireación *in situ*, localizados en la mancha en pozos de recuperación de una pendiente abajo; después de 3 años de operación, se había biodegradado el 90% de la mancha contaminada.

Uno de los HC contaminantes de las aguas subterráneas son disolventes halogenados: tetracloroetileno (TTCE), tricloroetileno (TCE), dicloroetileno (DCE) y cloruro de vinilo (CV), con etano, saturado de cloro, cloroformo y tetracloruro de carbono (TCC). Se demostró que en anaerobiosis se deshalogenan hasta CV en un acuífero poco profundo del sureste de los EUA. En aerobiosis, el CH_4 o un aromático inducen la monooxigenasas, los aromáticos inducen la dioxigenasa, y ninguna de estas enzimas es específica, elimina el cloro de los disolventes alifáticos. En la Base Aérea de Moffit Field, en California, EUA, se realizó un ensayo: un sistema inductor de monooxigenasa del metano no es específico, declora los disolventes. Por debajo de una capa de arcilla superficial con un espesor de unos 4 m, el acuífero poco profundo contaminado con un disolvente alifático clorado el 1, 1, 1-TCA. Los ensayos con un trazador del laboratorio mostraron que se inducen bacterias metanótrofas, para evitar un exceso de crecimiento microbiano en los pozos de inyección; se añaden TCE, *cis*-trans-DCE y CV con agua inyectada; se siguió al acuífero con pozos de muestreo a 1 m; se calcularon los factores de retardo por 3 años y se constató la degradación del 30% del *cis*-DCE de más del 95% del CV en 200 días. Solo se transformó entre el 10 y el 20% del TCE durante esta etapa. Los porcentajes de TCE de *cis*-DCE biotransformados fueron mayores en la segunda etapa del ensayo, del 10-30% y 30-58%, la velocidad de flujo fue bastante rápida, 2 m/días, para una BD rápida en un corto tiempo.

Para una BIS anaerobia, se demostró que se degradan el benzoato, el fenol de los lixiviados de vertederos en condiciones anaerobias, la deshalogenación reductora se limita al sistema metanogénico, así que la inhibición del sulfato en la deshalogenación del ácido 2, 4, 5-triclorofenoxiacético es posible por adición de molibdato.

Existe un informe sobre la BIS en una planta de herbicidas, donde un acuífero se encuentra a 11 m, por debajo de un depósito glacial formado por 8,5 m de arena, cenagosa, arcilla situada encima de 3 m de arena gruesa y grava. El HC contaminante era el 4-cloror-2-metilfenol Bd; cuando se inyectó en el agua subterránea, se modificaron los sistemas de bombeo de tratamiento con incremento del número de pozos de inyección y recuperación, con bombas de transporte de aire; después de 6 meses de operación se observó una reducción del 50% en el tamaño de la mancha.

VIII. Conclusión

La biorrecuperación *in situ* (BIS) o el biotratamiento de los suelos subsuperficiales y de aguas subterráneas es una tecnología que, aplicada adecuadamente, tiene éxito en la eliminación de contaminación por hidrocarburos y otros compuestos orgánicos tóxicos a la salud humana y de riesgo al ambiente

Agradecimientos. Al Proyecto 2.7 (2011) de la CIC-UMSNH, por el apoyo a esta publicación.

IX. Bibliografía

1. Adams, S. R.; V. I. Domínguez e Y. L. García (1999). "Potencial de la biorremediación de suelo y agua impactados por petróleo en el trópico mexicano". *Terra*. 17: 159-174.

2. Barry, K. R.; G. M. Long y J. K. Sheldon (1992). "Applied bioremediation". *Pract. Environ. Bioremed.* Lewis Publishers. 11-26.

3. Bento, F. M. y C. C. Gaylarde (2001). "Biodeterioration of stored diesel oil: studies in Brazil". *Inter. Biodeter. and Biodegr.* 47: 107-112.

4. Chayabutra, C. y L. Ju (2000). "Degradation of n-hexadecane and its metabolites by *Pseudomonas aeruginosa* under microaerobic and anaerobic denitrifying conditions". *Appl. Environ. Microbiol.* 66: 493-498.

5. Gallego, L. R.; J. Loredo; J. F. Llamas; F. Vázquez y J. Sánchez (2001). "Bioremediation of diesel-contaminated soils: evaluation of potential *in situ* techniques by study of bacterial degradation". *Biodegradation.* 12: 325-335.

6. Huling, S. G.; B. E. Bledsoe y M. V. White (1990). "Enhanced bioremediation utilizing hydrogen peroxide

as a supplemental source of oxygen: a laboratory and field study". U.S. Environmental Protection Agency. Report 600/S2-90/006.

7. Kanaly, R. A.; R. Bartha; K. Watanable y S. Hrayama (2000). "Rapid mineralization of benzo [a] pireno by a microbial consortium growing on diesel fuel". *Appl. Environ. Microbiol.* 66: 4205-4211.

8. Kjaergaard, K.; J. K. Sorensen; M. A. Schembri y P. Klemm (2000). "Sequestration of zinc oxide by fimbrial designer chelators". *Appl. Environ. Microbiol.* 66: 10-14.

9. Kuei-Jyum, Y. C.; Y. Kao y C. Cheng (2002). "Oxidation of chlorophenols in soil at natural pH by catalyzed hydrogen peroxide: the effect of soil organic matter". *Chemosphere.* 46: 67-73.

10. Margesin, R. y F. Schinner (2001). "Bioremediation (natural attenuation and biostimulation) of a diesel-oil-contaminated soil in an Alpine glacier skiing area". *Appl. Environ. Microbiol.* 67: 3127-3133.

11. Qui, X.; T. W. Leland; S. I. Shah; D. L. Sorensen y E. W. Kendall (1997). "Grass remediation for clay soil contaminated with polycyclic aromatic hydrocarbons. Phytoremediation of soil and water contaminants". *ACS Symposium Series.* American Chemical Society. Washington, D.C., EUA. 664: 186-199.

12. Richards, J. W.; G. D. Krumholz; G. D. Chval y L. S. Tisa (2002). "Heavy metal resistance patterns of *Frankia* strains". *Appl. Environ. Microbiol.* 68: 923-927.

13. Roane, T. M.; K. L. Josephoson e I. L. Pepper (2001). "Dual-bioaugmentation strategy to enhance remediation of co-contaminated soil". *Appl. Environ. Microbiol.* 67: 3208-3215.

14. Sauge-Merle, S.; S. Cunié; P. Carrier; C. Lecompte-Pradines; L. Doan-Trung y G. Peltier (2003). "Enhanced

toxic metal accumulation in engineered bacterial cells expressing *Arabidopsis thaliana* phytochelatin synthase". *Appl. Environ. Microbiol.* 69: 490-494.

15. Siciliano, S. D. y J. J. Germida (1998). "Mechanisms of phytoremediation: biochemical and ecological interactions between plants and bacteria". *Environ. Rev.* 6: 65-79.

16. Verrhiest, G. J.; B. Clément; B. Volat; B. Montuelle e Y. Perrodin (2002). "Interactions between a polycyclic aromatic gydrocarbon mixture and the microbial communities in a natural freshwater sediment". *Chesmosphere.* 46: 187-196.

17. Walker, J. D. y R. R. Colwell (1974). "Microbial petroleum degradation: use of mixed hidrocarbon substrates". *Appl. Environ. Microbiol.* 27: 1053-1060.

18. Wilson, S. y R. Brown (1989). "*In situ* bioreclamation: a cost-effective technology to remediate subsurface organic contamination". *Ground Water Monitor Review.* 9: 1-25.

19. Yoshitomi, K. J. y J. R. Shann (2001). "Corn (*Zea mays* L.) root exudates and their impact on ^{14}C-pyrene mineralization". *Soil Biology and Biochemistry.*

20. Zappi, M.; K. White y H. Hwang (2002). "The fate of hydrogen peroxide as an oxigen source for bioremediation activities with in saturated aquifer systems". *Journal of the Air & Waste Management Association.* 50: 1818-1830.

Biorremediación de ambientes impactados con aceites y lubricantes

Por Juan Manuel Sánchez-Yáñez

Contenido

VI. BR de ambientes contaminados con AL
VII. BR de suelos contaminados con AL mediante
bioaumentación/bioestimulación
VIII. Fitorremediación (FR)
IX. Conclusión
X. Bibliografía

RESUMEN

En el ambiente acuático o terrestre, los hidrocarburos (HC) como los aceites lubricantes (AL), después de su uso, son un problema de contaminación si su disposición final no es adecuada, como en el caso de los aceites residuales (AR), en los que, por sus propiedades químicas, su insolubilidad dificulta su mineralización; una posible solución para lograrlo es la estimulación de la microbiota heterotrófica aerobia nativa con nutrientes básicos, para la mineralización de los AL y los AR. El propósito de esta revisión es analizar biorremediación (BR) y/o fitorremediación (FR) de ambientes contaminados por AL y AR. La BR y la FR son procesos microbianos y/o vegetales para la recuperación de sitios impactados negativamente con estas mezclas de HC. **Palabras claves.** Petróleo, suelo, agua, rizosfera, microorganismos.

I. INTRODUCCIÓN Y ANTECEDENTES

La contaminación de suelos y de aguas con aceites lubricantes (AL) y residuales (AR) derivados del petróleo es grave porque son mezclas complejas de hidrocarburos (HC) lineales y aromáticos (HAP); a nivel mundial, solo en los Estados Unidos de América (EUA) existen entre 300.000 y 400.000

sitios impactados por HC derivados de petróleo (USEPA, 2000), según la Agencia de Protección Ambiental (EPA) de ese país; un litro de AR deteriora un millón de litros de agua; la Guardia Costera de esta nación estima que los drenajes urbanos descargan a las costas cerca de 33,5 millones de litros de AR [46]. En Nueva Zelanda se generan 30 millones de litros por año, y de estos al menos 9 millones se arrojan sin tratar al ambiente [1-3, 30].

En México, cada año se producen más de 325 millones de litros de AR vertidos al realizar el cambio de aceite de vehículos en talleres mecánicos [41], pesar de que la normatividad de la Secretaría del Medio Ambiente y Recursos Naturales (SEMARNAT) obliga a su confinamiento, según la Ley General del Equilibrio Ecológico y de Protección al Ambiente (1996) y la Norma NOM-055-ECOL-1993 [4-5, 40].

II. Aceites lubricantes (AL)

Son cualquier HC sólido, semisólido o líquido de origen animal, mineral o sintético que se aplica entre dos piezas con movimiento para reducir la fricción. Los aceites lubricantes se utilizan en motores de automóviles, ya que disminuyen la fricción y el daño de piezas metálicas, durante el moldeo de partes móviles; al mismo tiempo, evitan la corrosión, la adhesión y la abrasión de superficies metálicas por los ácidos de los HC de los AL oxidados [6-9].

II.1. Composición

Los AL derivados del petróleo están constituidos por aditivos químicos y un fluido base de acuerdo con sus propiedades técnicas y el precio de venta; la concentración y el tipo de aditivo en el AL dependen del uso que se le da, lo que representa el

5-20% (p/v) del total de la mezcla [11, 13, 28]. Los AL hidráulicos contienen pocos aditivos, entre 10-20%; el problema es que algunos de estos son peligrosos al ambiente y la salud humana. La función de los AL es evitar el desgaste y la fricción directa entre dos superficies en movimiento a las que permanecen adheridos para formar una película; el otro componente es un detergente que lava las partes internas del motor que se ensucian con polvo, sólidos, etc.; y los dispersantes que suspenden las partículas que el detergente lavó, y así minimizan este efecto negativo en la zona lubricada [12, 14-17].

El fluido base de los AL es una mezcla compleja de los HC parafínicos lineales ramificados saturados de cadena larga de entre 15 y 20 átomos de carbono o de aromáticos de baja densidad, de cierta viscosidad o *high pour point*, de mínima volatilidad con un alto índice de viscosidad (IV); por ello, son resistentes a la oxidación aunque forman precipitados ácidos, mientras que los alcanos de cadenas cortas son fácilmente removidos de la superficie en la aleación, los cicloalcanos o nafténicos con bajo IV o *high pour points*, *flash points*, etc., tienen mayor concentración de solventes, y por eso se oxidan más rápido que los parafínicos y los aromáticos [4, 7, 18], que tienen bajos IV, *high pour points*, *flash points*, moderada solubilidad; no obstante, los aromáticos son más reactivos, se oxidan fácilmente para generar productos resinosos y asfálticos que se disuelven en benceno, parcialmente en el agua y poco o nada en el suelo; causan un impacto negativo al ambiente y, en especial, a la biota aerobia [19-21].

II.2. Clasificación de los AL por su origen

Los AL minerales se obtienen del petróleo crudo; el más común es el parafínico. Sus propiedades fisicoquímicas están relacionadas con ese origen [5, 22-24]; tienen aplicaciones en la disminución de la fricción, en el moldeado de máquinas de equipo automotor; controlan la formación de depósitos contaminantes suspendidos y protegen las piezas de hierro de la aleación contra la corrosión [1, 25, 26].

Los AL sintéticos son subproductos petrolíferos de elaboración compleja más caros que los minerales; se clasifican en oligómeros olefínicos, ésteres orgánicos, poliglicoles, ésteres fosfatados de acuerdo con su biodegradabilidad (BD). Los ésteres se utilizan en la formulación de los AL de motores fuera de borda, de baja toxicidad al ambiente acorde con los estrictos estándares ecológicos de la industria mundial; tienen un bajo punto de viscosidad, un alto IV, en combinación con su mínima volatilidad, toxicidad y tolerancia a las elevadas temperaturas [15, 27-29].

II.3. Propiedades químicas de los AL

II.3.1. Acidez

En los AL nuevos, esta propiedad química determina el grado de refinación y sus aditivos; en los usados aportan información relacionada con su BD sobre el tipo de aditivos que contienen y de la acidez, según el origen mineral por los ácidos residuales de la refinación producto de la oxidación de esos aditivos [20, 23, 33].

II.3.2. Basicidad

Es la propiedad de los AL que neutraliza los ácidos derivados de su oxidación, así evita los efectos nocivos en la aleación y prolonga su vida útil, mientras que en los nuevos la alcalinidad es alta o baja según su grado de BD, lo que depende de la concentración de los aditivos que contienen [2, 34, 46].

II.3.3. Residuo carbonoso

Es la concentración de material residual luego de someter a los AL a elevadas temperaturas, lo que es función de su viscosidad y composición química, por ejemplo: los naftalénicos dejan un residuo de grano fino poco adherente, mientras que en los parafínicos el residuo es grueso y adhesivo [9, 31, 45].

II.3.4. Oxidación

En la transformación del AL primero se generan peróxidos orgánicos que son catalizadores que aceleran su oxidación, posteriormente resinas en contacto con superficies calientes insolubles forman lodos de: alcoholes, cetonas, aldehídos y ácidos orgánicos que corroen aleaciones de cobre disuelto en los AL, por el desgaste de bombas y pistones lo que inactiva al aditivo es su oxidación, ello provoca un aumento de la viscosidad y de la acidez del AL al igual que su oscurecimiento por la formación de depósitos carbonosos [15, 18, 19]. La resistencia de los AL a la oxidación se mejora con una selección de sus principales constituyentes los de tipo sintético son más resistentes que los minerales, los parafínicos son más tolerantes que los aromáticos o naftalénicos [46-48].

II.3.5. Detergencia

Es la propiedad de los AL para eliminar residuos incrustados en tuberías, pistones, etc., acumulados en forma de lodos; esto depende de las propiedades químicas de los AL base, del detergente, así como de las sales metálicas de calcio (Ca), bario (Ba), magnesio (Mg) o de jabones orgánicos que reducen la tensión de la interfase de los AL y que los desplazan en la superficie de la aleación [13, 33, 49].

II.3.6. Resistencia de película

Es la propiedad de los AL para evitar el barrido o la compresión entre dos superficies móviles metálicas en una capa extremadamente fina; las moléculas polares de los AL contribuyen a la formación de una capa espesa y dura entre las partes que se lubrican, o bien por la adhesión de los AL en las superficies metálicas que reducen la fricción, mientras que los sintéticos tienen mayor resistencia de película que los minerales [24, 50].

II.3.7. Factores que afectan la resistencia de película

Los AL con un elevado IV tienen una especial resistencia a la formación de película; al aumentar la temperatura los AL son más fluidos, y por ello su tolerancia es de importancia en los motores hidráulicos de procesos industriales [22, 32, 44].

II.4. PROPIEDADES FÍSICAS DE LOS AL

II.4.1. Viscosidad

Es la resistencia de los AL a fluir; los de alta viscosidad tienen mayor oposición que los poco viscosos. Esta propiedad se afecta con la temperatura, que al aumentar hace que su viscosidad disminuya [21, 31, 41].

II.4.2. Índice de viscosidad (IV)

Es la medida de la variación de la viscosidad de los AL en función de la temperatura, si se compara el IV con la de de referencia, el crudo de Pensilvania o parafínico es más estable que el crudo del golfo de México, o el naftalénico de viscosidad variable; así, se les asigna un IV de 100 a 0 [25, 35, 37].

II.4.3. Lubricidad

Es la propiedad de los AL para formar una película de un cierto diámetro en la superficie de una aleación; esto depende de su grado de viscosidad; en consecuencia, deben usarse aditivos que la mejoren [38, 40].

II.4.4. Emulsibilidad

Es la propiedad de los AL líquidos insolubles en agua para formar una emulsión; los factores que favorecen su estabilidad son [1, 15, 43]:

- Su elevada viscosidad.
- Su baja tensión superficial.
- La baja concentración de contaminantes químicos.

El agua en los AL es perjudicial para la lubricación entre superficies de aleaciones, ya que forman emulsiones inestables como en los de corte o los marinos para la maquinaria de cubierta de barcos [26, 46, 54].

II.4.5. Punto de inflamación

Es la temperatura mínima en la que los AL emiten vapores; ello depende de la volatilidad de sus componentes: cuanto más bajo sea este punto, más volátil será, con tendencia a ser inflamable. Los AL tienen puntos de inflamación entre 80 y 232 °C, mientras que en los automotores se ubican en un intervalo de 260 a 354 °C [2, 12, 27].

II.4.6. Punto de combustión

Es la temperatura a la cual los vapores emitidos por los AL se inflaman y arden en menos de 5 segundos; el punto de combustión se ubica entre 30 y 60 °C por arriba del punto de inflamación [2-7].

II.4.7. Punto de congelación

Es también llamado "punto de fluidez" y es la menor temperatura a la que se observa el movimiento de los AL; se expresa en múltiplos de 3 °C o 5 °F. En los naftalénicos disminuye con la densidad, en los parafínicos a la cristalización de sustancias que los constituyen [8, 11, 13].

II.4.8. Biodegradación

La biodegradabilidad (BD) es la sensibilidad de los AL a la acción biológica; un ejemplo es el examen realizado a 32 AL minerales parafínicos que se evaluaron con la prueba CEC L-33-A-93, que analiza los porcentajes de oxidación de los HC que los constituyen del 15 al 75%. Así se reporta que la BD de los AL disminuye al aumentar la concentración de aromáticos y compuestos polares; el porcentaje de oxidación aumenta de acuerdo al IV, pero decrece en función de su viscosidad cinemática (VC), del *pour point*, del *flash point* y del índice de refracción (IR). Estos datos y sus propiedades químicas, al igual que la concentración de aromáticos de los compuestos polares, de las propiedades físicas como la VC y el IR, son útiles en el pronóstico de la BD de los AL minerales [13, 28, 38].

III. ACEITES RESIDUALES (AR)

Son cualquiera de los AL después de refinar el petróleo crudo o sintético, usado en el cárter del motor de gasolina o diésel de automotores.llos aceites residuales (AR), por sus aplicaciones, se mezclan con impurezas del suelo, del agua y de los aromáticos de la clase del benceno y el tolueno, al igual que con solventes clorados y metales pesados: arsénico (As), cadmio (Cd), cromo (Cr) y zinc (Zn) [13, 24, 31].

En el Cuadro 1 se muestran los componentes de los AL y los AR que son tóxicos para humanos, plantas, animales terrestres y acuáticos [4, 14, 20].

Juan Manuel Sánchez Yáñez

Cuadro 1. Principales componentes contaminantes ambientales existentes en los aceites lubricantes y residuales.

Metales, metaloides y otros elementos posibles de ser tóxicos al ambiente y la vida	Hidrocarburos clorados	Aromáticos
Aluminio	Diclorofluorometano	Benceno
Antimonio	Triclorotrifluoroetano	Tolueno
Arsénico	1,1,1-Tricloroetano	Xilenos
Bario	Tricloroetileno	Benzo-⊠-antraceno
Cadmio	Tetracloroetileno	Naftaleno
Calcio	Cloruro	Otros hidrocarburos aromáticos policíclicos (HAP)
Cromo	Bifenilos policlorados	
Cobalto		
Cobre		
Plomo		
Magnesio		
Manganeso		
Mercurio		
Níquel		
Fósforo		
Sulfuro		
Zinc		

Referencias: [1, 10, 20].

Al respecto, Lai y Vucic [23] reportaron un AL que luego de 5.000 km de recorrido fue analizado por cromatografía líquida de alta resolución, equipado con detectores de luz ultravioleta para medir el índice de refracción y de espectrometría fotoacústica; en el AR aumentó la concentración de aromáticos y policíclicos de acuerdo con una cinética de orden cero, mientras que en los HC saturados sus grupos polares se mantuvieron sin cambio químico [11, 41, 51]. Los AR son insolubles, se mantienen en la superficie, bloquean los rayos solares, impiden la fotosíntesis de las plantas, evitan la difusión del oxígeno (O_2) y afectan negativamente la vida aerobia acuática [23, 28, 37].

IV. Mineralización de AR

En la naturaleza, existe una microbiota heterotrófica aerobia autóctona que oxida los HC de los AR. Esta población en aerobiosis la utiliza como fuente de carbono (C) y energía en la formación de biomasa y con lentitud en anaerobiosis en ambientes acuáticos [1-3]. La investigación de la actividad de mineralización (Mi) de HC tiene el siguiente orden: alifáticos > aromáticos > compuestos polares > asfaltenos; el resultado de este proceso catabólico es la reducción de la concentración y pérdida de la toxicidad de los AR en el ambiente [7, 35, 49].

V. Biorremediación (BR)

Es una alternativa en la restauración de ambientes contaminados por los AL y los AR mediante dos vías:

- a) Bioestimulación de la microbiota de esos sitios, que se enriquecen con minerales a base de nitrógeno (N), fósforo (P), etc., para inducir la oxidación de los AL y los AR; al mismo tiempo, con la adecuación de los factores ambientales limitantes de ese proceso: nivel de O_2, pH, humedad y temperatura [6, 28, 48], por principio es necesario un detergente para que los HC se solubilicen y ello facilite su Mi.

- b) Bioaumentación (BA), que es la inoculación de microorganismos alógenos naturales o modificados genéticamente para eliminar los HC de los AL y AR *in situ* o *ex situ* [10, 20, 40].

VI. BR DE AMBIENTES CONTAMINADOS CON AL

La BR de agua marina contaminada con los AL es posible mediante la adición de *Bacillus* sp y *Pseudomonas* sp, los que luego de oxidarlo facilitaron medir la desaparición de los HC. Se registró que ambas bacterias los oxidaron en un 55% y 25%, respectivamente. En el AL puro se observó una dinámica de BR con el siguiente orden: alcanos > cicloalcanos no condensados, monoaromáticos > cicloalcanos condensados en un ambiente acuático de mar [21, 31, 51].

Se analizó la BR de agua y suelo contaminados con AL sintéticos por bioaumentación [3, 46] con *Acinetobacter iwoffi* que los usó como única fuente de C y energía en un microcosmos del laboratorio. Los resultados mostraron que en ambos ambientes hubo una acumulación de 1,1,1-tris (hidroximetil)-propano, ácido octanoico y decanoico, productos no tóxicos de la oxidación de los AL; esto apoya que es factible su eliminación por la vía biológica en la restauración de ambientes impactados con HC [33, 38].

Se reporta la BR de agua contaminada con AR mediante BA con bacterias del suelo en el laboratorio en aerobiosis durante 50 días. Los resultados indican que en los primeros 5 días las bacterias los oxidaron en un 70%, en especial los alcanos de entre C-15 a C-22 que se eliminaron en un 45%; al igual que los de C-22 a C-30, en un 20%; los de C-30 a C-40. Una bacteria sin identificar consumió en un 98% los alcanos de C-15 a C-40, así se probó la capacidad microbiana natural en la recuperación de ambientes contaminados con HC [17, 51-53].

Se analizó la BR de un suelo impactado con AL nuevos y usados, vía bioaumentación con *Nocardia simplex*. El resultado señala que este actinomiceto oxidó el AL nuevo, más que el usado con una disminución de un 52% de los HC saturados; con un 38% los aromáticos y un 18% las resinas que en el usado, lo que apoya que la BR tipo BA puede ser recomendable en la restauración de sitios contaminados con HC [19, 54].

La BR de ambientes impactados con AR es posible con un biorrestaurador llamado BioClean Process (BioClean USA), que consiste en un consorcio bacteriano que funciona en agua alcalina a pH 8,8-9,2 con un detergente que emulsifica los HC en la superficie del metal para que las bacterias mineralicen los AL [12, 52]; por ello se propuso usar la BR de agua doméstica contaminada con AL en concentración de 3,5 y 7,5% mediante BA con *Bacillus licheniformis, B. cereus, Pseudomonas aeruginosa* y *Achromobacter* sp, en donde su acción bioquímica fue dependiente de minerales básicos en la estimulación de la oxidación de los AL [26, 27].

En consecuencia, existe interés en la BR para la mineralización de residuos de HC, fluidos de corte (FC) y AL en la manufactura automotriz en el *grinding* y el *drilling* de las aleaciones [5, 16].

Los FC son mezclas complejas de HC que evitan la biocorrosión, los solubles sustituyen a los de AL con base en sus propiedades fisicoquímicas específicas; según la clase de HC que contienen, se clasifican en AL pesados, solubles en agua, sintéticos y semisintéticos [1-3]. Con el uso industrial, la producción mundial de FC residual (FCR) se estima que excede los $2x10^9$ l/año, ya que se diluyen y aumentan su volumen final de acuerdo con reportes [13-15]. Cada dólar obtenido de la venta de los FCR 11 se gastó en su manejo y disposición para evitar que provoquen contaminación ambiental grave [10, 50].

Al inicio de la década de 1990, se usaron tratamientos fisicoquímicos en la remoción y disposición de FCR mediante la adición de limo, aluminio (Al), aluminato de sodio, ultrafiltración, evaporación, incineración y oxidación hidrotérmica [34-36]. La combinación de métodos químicos con físicos es común pero costosa, genera residuos que requieren otras opciones de disposición final; la forma biológica de eliminación de los FCR se reporta [1, 15, 40] en biorreactores que operan con "cajas negras" de consorcios microbianos no identificados provenientes de aguas domésticas [20, 38, 53]; al respecto, la investigación demuestra que en la naturaleza existe una amplia microbiota que oxidan los FCR [49, 54]. Los resultados de esos trabajos sugieren una baja diversidad genética en esa microbiota, que implica que la composición química de los FCR selecciona el tipo de bacteria con capacidad de mineralizarlos [48, 51] con fines de usar la BR en la restauración de ambientes dañados con esta clase de HC [22, 32].

En la BR de ambientes impactados con FCR [6, 47], se reportó la BR por BA de agua doméstica contaminada con FCR mediante la adición de *Clavibacter michiganensis*, *Methylobacterium mesophilicum*, *Rhodococcus erythropolis* y *Pseudomonas putida* en un biorreactor por 400 h. Los resultados mostraron que este consorcio bacteriano redujo en un 85% el FCR e incluso el biocida de acompañamiento que contiene, el cual se mineralizó en más de un 60%, aunque algunos HC fueron recalcitrantes; este consorcio bacteriano alcanzó un 30-40% en la eliminación de los FCR en el agua doméstica [16, 34].

Los FCR contienen emulsificantes y detergentes [39,] que en cierta concentración inhiben la BR vía BA con una microbiota mesófila nativa del ambiente impactado con estos HC, en cuyo caso se recomienda la BR por BA con bacterias termófilas con capacidad de rápida oxidación de los FCR en biorreactor con una mínima producción de biosólidos, la que a la vez elimina los microbios patógenos del agua doméstica [37, 48]. Así se analizó la BR de agua doméstica contaminada con FCR por BE con lodos activados en un biorreactor semicontinuo. Los resultados mostraron que la diversidad bioquímica microbiana que oxida HC de los lodos activados disminuyó la concentración del FCR en un 97,27% a temperatura de 50±1 °C/77,5 h; este hecho apoya el empleo de BR por BE *ex situ* como alternativa ecológica en la recuperación de agua impactada negativamente por FCR [19, 24].

VII. BR DE SUELOS CONTAMINADOS CON AL MEDIANTE BIOAUMENTACIÓN/BIOESTIMULACIÓN

Una estrategia en la BR de suelos impactados con AL es la combinación de BA y BE en el laboratorio; se reporta con ambas un suelo arenoso contaminado con AL de maquinaria constituido por un 25% de parafínicos, un 50% de naftalenos, un 24% de aromáticos polares y un 1% de aditivos. Los resultados mostraron que la aplicación de la BR combinada logró una disminución significativa de los AL en comparación con el suelo-control sin BR [14, 39].

VIII. FITORREMEDIACIÓN (FR)

Existe el tratamiento biológico de sitios impactados con HC mediante la aplicación de plantas que, en su sistema radical y la microbiota a la que se asocian, tiene la capacidad para mineralizar los HC de los AL y los AR [1-4]. Así se investigó el efecto de la fertilización química (FQ) con: amonio (NH_4^+), nitratos (NO_3^-), fosfatos (PO_3^-) y potasio (K) aplicados a girasol (*Helianthus annuus* L.), nuez de la India (*Aleurites moluccana* L.), soya (*Glicina max* L.), fríjol (*Phaseolus vulgaris* L.), pastos/maíz (*Zea mays* L.), trébol (*Trifolium pratense* L.) rojo, ladino, trigo (*Triticus sativum* L.)/avena (*Avena sativa* L.), en la FR de un suelo impactado con AL o AR [50-52].

Juan Manuel Sánchez Yáñez

Los resultados de estos experimentos apoyan que, en el suelo impactado con AL o AR, los géneros de plantas sembrados de manera individual o en mezcla eliminaron los HC alifáticos y aromáticos de los AL o AR en porcentajes superiores al 50%, en especial si las plantas se estimularon con FQ [4, 6]. En un suelo contaminado con los AR, FR con trébol, se demostró que los HC se degradaron en un 90% luego de 150 días. En tanto que en el suelo impactado con AR y FR con la combinación girasol/mostaza, se logró una eliminación de los HC del AR de un 67%, mientras que con la aplicación del FQ a los cultivos agrícolas la mineralización de los HC del AR fue del 100% [10, 17].

En el suelo contaminado con AR se aplicó la FR con maíz y FQ. Los resultados señalaron que la rizosfera del maíz es rica en microbios degradadores de HC del AR y apoyada con la FQ, la eliminación del AR fue de un 67% [21, 33].

En el suelo contaminado con AR, la FR con la combinación de girasol/mostaza y trigo/avena mostró que ambas mezclas alcanzaron la mayor biomasa vegetal, evidencia indirecta de la eliminación de HC del AR [3, 4, 19]. Mientras que la FR de un suelo impactado con los AR tratado con fríjol, soya y maíz fue efectiva porque en la rizosfera de estas plantas había abundantes bacterias oxidantes de HC: $1x10^6$ UFC/g de raíz seca [4, 28, 48]; lo anterior indica que la FR es una opción adecuada para recuperar ambientes impactados con AL o AR [3-5, 42].

IX. Conclusión

La BR y/o la FR son estrategias ecológicas para la recuperación de ambientes impactados con tóxicos. La BR con sus modalidades BE y/o BA, al igual que la FR, es una biotecnología adecuada en la remoción de AL y/o AR de aguas y suelo, al favorecer las condiciones fisicoquímicas para estimular actividad biológica microbiana y/o vegetal de mineralización de esos HC en compuestos inocuos para el ambiente.

Agradecimientos. Al Proyecto 2.7 (2011) de la CIC-UMSNH, por su apoyo. A David García H. y a Jeanneth Caicedo R.

X. Bibliografía

1. Adams-Schroeder, R. H.; V. I. Domínguez-Rodríguez y L. Vinalay Carrillo (2000). "Evaluation of microbial respiration and ecotoxicity in contaminated soils representative of the petroleum producing region of southeastern Mexico". *Terra*. 20: 253-265.

2. Aki, S. N. V. K. y M. A. Abraham (1998). "An economic evaluation of catalytic supercritical water oxidation: comparison with alternative waste treatment technologies". *Environ. Progr.* 4: 246-255.

3. Amund, O. (1996). "Utilization and degradation of an ester-based synthetic lubricant by *Acinetobacter iwoffi*". *Biodegradation*. 7: 91-95.

4. Alkorta, I. y C. Garbisu (2001). "Phytoremediation of organic contaminants in soils". *Bioresource Technology*. 79: 273-276.

5. Ministry for the Environment by Woodward-Clyde (2000). "Assessment of the effects of combustion of waste oil, and health: effects associated with the use of waste oil as a dust suppressant". Inglaterra.

6. Beaulieu, M.; V. Becaert; L. Deschenes y R. Villemur (2000). "Evolution of bacterial diversity during enrichment of

PCP-degrading activated soils". *Microbiol. Ecol.* 40: 345-355.

7. Bio-Wise (2000). "A guide to biological treatment for metal-working fluids disposal". Department of Trade and Industry. DTI/BW/25/2000/NP. EUA.

8. Bouchez, T.; D. Patureau; P. Dabert; S. Juretschko; J. Dore y P. Delegenes (2000). "Ecological study of bioaugmentation failure". *Environ. Microbiol.* 2: 179-190.

9. Callahan, T. P.; M. Norman y J. Hajdu (2001). "Field experience with an integrated biological degreasing system". AESF Week 2001-AESF/EPA Conference for Environmental Excellence. Orlando, Florida, EUA.

10. Cauwenberghe, L. V. y D. S. Roote (1998). *"In situ* bioremediation". *Technology Overview Report.* TO-98-01. Ground-water Remediation Technologies Analysis Center. Pittsburgh, Pensilvania, EUA.

11. Edward, P.; C. Lai y R. S. Vucic (1993). "Kinetic study of the degradation of lubricating motor oil by liquid chromatography and photoacoustic spectrometry Fresenius". *J. Anal. Chem.* 347: 417-422.

12. Eskamani, G.; D. Brown y A. Daniels (2000). "Evaluation of BioClean USA, LLC, biological degreasing system for the recycling alkaline cleaners: environmental technology verification report". Concurrent Technologies Corporation. EUA.

13. García, H. D.; C. R. Sosa A. y J. M. Sánchez-Yáñez (2007). "Biorremediación de agua doméstica contaminada por aceite residual automotriz". *Revista Ingeniería Hidráulica de México.* 17: 208-219.

14. Greeley, M. y N. Rajagopalan (2004). "Impact of environmental contaminants on maching properties of metal-working fluids". *Tribol. Inter.* 4: 327-332.

15. Goldstein, J. F.; L. M. Mallory y M. Alexander (1985). "Reason for possible failure of inoculation to enhance biodegradation". *Appl. Environ. Microbiol.* 50: 917-983.

16. Ministry for the Environment and Occupational Health and Safety Service (2000). *Guidelines for the Management and Handling of Used Oil.* EUA.

17. Hamer, G. (1997). "Microbial consortia for multiple pollutant biodegradation". *Pure Appl. Chem.* 69: 2343-2356.

18. Haus, F.; J. German y G. A. Junter (2001). "Primary biodegradability of mineral base oils in relation to their chemical and physical characteristics". *Chemosphere.* 45: 983-990.

19. Iwashita, S.; T. P. Callahan; J. Haydu y T. K. Wood (2004). "Mesophilic aerobic degradation of a metal lubricant by a biological consortium". *Appl. Microbiol. Biotechnol.* 65: 620-626.

20. Jirasripongpun, K. (2002). "Characterization of oil-degrading microorganisms from lubricating oil contaminated (scale) soil". *Lett. in Appl. Microbiol.* 35: 296-300.

21. Kaplan, C.W. y C. L. Kitts (2004). "Bacterial succession in a petroleum land treatment unit". *Appl. Environ. Microbiol.* 3: 777-786.

22. Kawakami, Y. y H. Nishimura (1981). "Degradation of lubricating oils by marine bacteria observed by quantitative mass spectrometry". *Journal of the Oceanographical Society of Japan.* 37: 1-8.

23. Kim, B. R.; D. N. Rai; J. F. Zemla; F. Lipari y P. V. Harvath (1994). "Biological removal of organic nitrogen and fatty acids from metal-cutting fluid wastewater". *Wat. Res.* 28: 1453-1461.

24. Lai, E. P. C. y R. S. Vucic (1993). "Kinetic study of the degradation of lubricating motor oil by liquid chromatography and photoacoustic spectrometry Fresenius". *J. Anal. Chem.* 347: 417-422.

25. Lapara, T. M.; A. Konopka; C. H. Nakatsu y J. E. Alleman (2001). "Thermophilic aerobic treatment of a synthetic wastewater in a membrane-coupled bioreactor". *J. Ind. Microbiol. Biotechnol.* 26: 203-209.

26. Lonon, M. K.; M. Abanto y R. H. Findlay (1999). "A pilot study for monitoring changeling the microbiological component of metal-working fluids as a function of time and use in the system". *Am. Ind. Hyg. Assoc. J.* 4: 480-485.

27. McCarty, P. L. (1997). "Breathing with chlorinated solvents". *Science.* 276: 1521-1522.

28. Mertens, J. A. (2000). "Vapor degreasing with chlorinated solvents". M. Murphy. *Metal Finishing.* Vol. 98. Ed. Elsevier. Nueva York. 43-51.

29. Milacron, M. M. C. (2000). *Treatment and Disposal of Used Metal-working Fluids.* Consumable Products Division. Cincinnati, Ohio, EUA.

30. Ministry for the Environment (2001). "Options for used oil recovery in New Zealand". Stephen Thornton Sue Paul. PA Consulting Group. PO Box 1659. Lambton Quay Wellington, Nueva Zelanda.

31. El-Masry, M. H.; E. El-Bestawy y N. I. El-Adl (2004). "Bioremediation of vegetable oil and grease from polluted wastewater using a sand biofilm system". *World Journal of Microbiology & Biotechnology.* 20: 551-557.

32. Otte, M. P.; J. Gangon; Y. Comeau; N. Matte; C. Greer y R. Samson (1994). "Activation of an indigenous microbial consortium for bioaugmentation of pentachlorophenol/ creosote contaminated soils". *Appl. Microbiol. Biotechnol.* 40: 926-932.

33. Plohl, K.; H. Leskovšek y M. Bricelj (2002). "Biological degradation of motor oil in water". *Acta Chim. Slov.* 49: 279-289.

34. Portela, J. R.; J. López; E. Nebot y E. Martínez de la Ossa (2001). "Elimination of cutting oil wastes by promoted hydrothermal oxidation". *J. Hazard Mater.* 88: 95-106.

35. Roberts, J. A.; P. M. Sutton y P. N. Mishra (2000). "Application of the membrane biological reactor system for combined sanitary and industrial wastewater treatment". *Inter. Biodet. and Biodegr.* 46: 37-42.

36. Santos, J. C. O.; G. L. M. Santos; F. S. M. Sinfrônio; M. A. Silva; E. V. Sobrinho; M. M. Conceição; V. J. Fernandes Jr. y A. G. Souza (2005). "Thermodynamic and kinetic parameters on thermal degradation of automotive mineral lubricant oils determined using thermogravimetry". *Journal of Thermal Analysis and Calorimetry.* 79: 461-467.

37. SEDESOL/INE (Secretaría de Desarrollo Social/Instituto Nacional de Ecología) (1993). Norma Oficial Mexicana NOM-055-ECOL-1993. *Diario Oficial de la Federación.* México.

38. SEMARNAT (Secretaría del Medio Ambiente y Recursos Naturales) (1996). Ley General del Equilibrio Ecológico y Protección al Ambiente. México.

39. Suvilampi, J.; A. Lehtomaki y J. Rintala (2003). "Comparison of laboratory-scale thermophilic biofilm and activated sludge processes integrated with a mesophilic activated sludge process". *Bioresour. Technol.* 88: 207-214.

40. Sztompka, E. (1999). "Biodegradation of engine oil in soil". *Acta Microbiologica Polonica.* 48: 185-196.

41. Taylor, G. T. (2001). "Evaluation of the potential of biodegradation for the disposal of cutting fluid from the

machining of uranium". *Inter. Biodet. and Biodegr.* 47: 215-224.

42. Ubiratan Escorel De Azevedo, P. (2002). *Reporte final analítico: revisión y análisis de las experiencias de Argentina, Brasil, Colombia, Ecuador y México respecto a los cinco elementos claves para el manejo ambiental de lubricantes usados.* Ed. Red Panamericana de Manejo de Residuos (REPAMAR) y Centro Panamericano de Ingeniería Sanitaria y Ciencias del Ambiente (CEPIS). 1-15.

43. Uniqema (2003). *Metal-working Fluids.* http://www.uniqema.com/lubricants/lit/lub1/index.htm.

44. Ministry for the Environment (2000). *Used Oil Recovery, Reuse and Disposal in New Zealand: Issues and Options.* Nueva Zelanda.

45. USEPA (1991). "Understanding bioremediation: a guidebook for citizens". EPA/540/2-91/002. Office of Research and Development. Washington, D.C., EUA.

46. USEPA (2000). "Engineered approaches to *in situ* bioremediation of chlorinated solvents: fundamentals and field applications". EPA-542-R-00-008. Cincinnati, Ohio, EUA.

47. USEPA (1989). "How to setup a local program to recycle used oil". www.epa.gov. EUA.

48. Van der Gast, C. J.; C. J. Knowles; M. A. Wright e I. P. Thompson (2001). "Identification and characterization of bacterial populations of an in-use metal-working fluid by phenotypic and genotypic methodology". *Inter. Biodet. and Biodegr.* 47: 113-123.

49. Van der Gast, C. J.; A. S. Whiteley; A. K. Lilley; C. J. Knowles e I. P. Thompson (2003). "Bacterial community structure and function in a metal-working fluid". *Environ. Microbiol.* 5: 453-461.

50. Van der Gast, C. J.; A. S. Whiteley e I. P. Thompson (2004). "Temporal dynamics and degradation activity of a bacterial inoculum for treating waste metal-working fluid". *Environ. Microbiol.* 6: 254-263.

51. Vázquez-Duhalt, R. (1989). "Environmental impact of used motor oil". *Science of the Total Environment.* 79: 1-23.

52. Vogel, T. M. y M. V. Walter (2001). "Bioaugmentation". C. J. Hurst, R. L. Crawford, G. R. Knudsen, M. J. McInerney y L. D. Stetzenbach. *Manual of Environmental Microbiology.* American Society for Microbiology Press. Washington, D.C., EUA. 952-959.

53. Willing, A. (2001). "Lubricants based on renewable resources: an environmentally compatible alternative to mineral oil products". *Chemosphere.* 43: 89-98.

54. Wongsa, P.; M. Tanaka; A. Ueno; M. Hasanuzzaman; I. Yumoto y H. Okuyama (2004). "Isolation and characterization of novel strains of *Pseudomonas aeruginosa* and *Serratia marcescens* possessing high efficiency to degrade gasoline, kerosene, diesel oil and lubricating oil". *Current Microbiology.* 49: 415-422.

Biorremediación de ambientes impactados con polietileno

Por Juan Manuel Sánchez-Yáñez, Víctor Ricardo Moreno Medina y Dora Alicia Pérez González

CONTENIDO

RESUMEN

Los desechos de polietileno (PE) que se acumulan en el ambiente causan un problema de contaminación a nivel mundial, porque es recalcitrante; el PE es un polímero sintético inerte y resistente al ataque microbiano. Sin embargo, diversos agentes biológicos lo oxidan; esto representa una posible solución a su acumulación en el ambiente. El objetivo de este breve ensayo es analizar el valor potencial de microorganismos del ambiente, en la mineralización del PE, para la biorremediación y fitorremediación *ex situ* o *in situ* de ambientes impactados con esta clase de hidrocarburo.

Palabras claves. Biodegradación, bacteria termófila, polietileno, fotooxidación UV.

I. Introducción

I.1. Propiedades fisicoquímicas del polietileno (PE)

El polietileno es el polímero del etileno de mayor consumo en la vida humana diaria y uno de los plásticos más populares del mundo. Se divide en dos tipos: el de baja densidad o *low density polyethylene* (LDPE) y el de alta densidad o *high density polyethylene* (HDPE); también se usa el lineal de baja densidad, con peso molecular ultra-alto o *ultra high molecular weight polyethylene* (UHMWPE). El HDPE es un compuesto de cadena lineal no ramificado. El PE se obtiene por polimerización del etileno a presión relativamente baja de 200 atm, con un catalizador alquilmetálico en una reacción química conocida como "catálisis de Ziegler", que emplea un óxido metálico en sílice o alúmina en el proceso llamado Phillips y Standard Oil [1, 3].

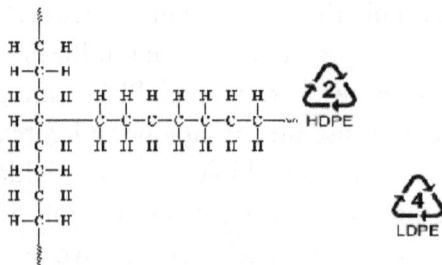

I.2. Propiedades químicas del PE de baja densidad

El PE tiene algunas propiedades químicas que lo hacen especialmente adecuado en la industria: es un sólido flexible según su grosor ligero; es recomendado como aislante eléctrico; es un material que por sus propiedades fisicoquímicas y su bajo costo se utiliza en el envasado, en el revestimiento de cables, en la fabricación de tuberías [1], etc., en el recubrimiento de envases, lo que garantiza la seguridad de medicinas, vacunas, vitaminas, sangre, suero, plasma y alimentos como: hortalizas, frutas, carnes, embutidos, botanas, confitería, y bebidas: agua, lácteos, jugos, gaseosas, etcétera [2]. Con base en su elasticidad, maleabilidad, resistencia química y mecánica, por su tolerancia al enmohecimiento, es un HC recomendado en aplicaciones en condiciones ambientales adversas, pero su uso intensivo genera un problema ecológico como residuo sólido de difícil manejo, porque tiene una lenta o nula degradación en la naturaleza [3, 5].

II. El impacto negativo del PE en el ambiente

El PE cuando se desecha permanece en el ambiente; durante décadas e incluso más, es difícil de colectar, obstruye alcantarillas y drenajes; cuando lo ingieren los animales los mata, porque no lo metabolizan; también afecta negativamente la fauna de ríos y de océanos, con lo que disminuye la calidad ambiental de las zonas urbanas, playas y bosques. A pesar de que las prácticas actuales en el manejo de PE incluyen la combustión, los rellenos sanitarios y el reciclaje:

- a) la capacidad de los incineradores es insuficiente;
- b) la emisión de gases generada por su combustión contamina;
- c) satura rápidamente los rellenos sanitarios;

- d) el reciclaje clave en el manejo del PE no es suficiente dada la cantidad que genera el uso doméstico comercial e industrial [4, 6].

El PE, por sus amplias aplicaciones en la industria y en la agricultura durante las últimas tres décadas del siglo XX, no ha sido paralelo al desarrollo de los métodos en su reducción y/o eliminación, de ahí la necesidad de realizar investigación para buscar alternativas de solución que faciliten su mineralización y/o reciclaje cuando sea posible [7, 11].

III. Antecedentes

En 1990, se informó que PE marcado con C^{14}, expuesto a la radiación UV enterrado en un suelo agrícola durante 26 días, reportó una mínima mineralización hasta CO_2, de apenas un 0,5% después de 10 años; sin irradiar con UV, el PE liberó menos del 0,2% de ese gas; una hoja de PE en un suelo húmedo incubado 12 años no mostró que hubo un deterioro medible. En 1995, se reportó la degradación del 50% de una película de PE en el suelo después de 32 años; por sus propiedades químicas y el potencial microbiano natural, puede ser degradable, ya que algunos alquenos lineales son relativamente fáciles de oxidar, por el peso molecular del PE que está en relación inversa con su mineralización, por su tolerancia a la oxidación; ello depende de ese elevado peso molecular, de su estructura tridimensional, combinado con su naturaleza hidrofóbica; esas propiedades fisicoquímicas interfieren en la disponibilidad del PE al ataque microbiano en ambientes naturales [1, 9]. Existe una investigación que reporta la degradación parcial del PE, en períodos cortos de tiempo previo al tratamiento con UV, que induce su fotooxidación seguida de una transformación térmica o con ácido nítrico; antes de su exposición a cualquier ambiente biótico que facilite su mineralización. También se reporta que la fotooxidación del PE incrementa su hidrofobicidad superficial, con la formación de grupos carbonilo que son utilizables por microorganismos, tanto de ambientes terrestres como acuáticos; lo que aumenta la posibilidad de su eliminación en ciertos sitios impactados negativamente con PE [3, 6, 8].

III.1. Biorremediación y fitorremediación del PE en el laboratorio y el ambiente

La investigación sobre la oxidación del PE depende, como se señaló, de factores físicos, químicos y microbiológicos en el suelo y en el agua. Se reporta que en el laboratorio se han analizado cultivos axénicos bacterianos y/o fúngicos que utilizan PE como única fuente de carbono y energía [7], y que tendrían potencial para la biorremediación (BR) vía bioaumentación (BA), especialmente bajo condiciones *ex situ*, como es el caso de *Arthrobacter paraffineus* que lo oxidó con formación de ácidos orgánicos. Durante su transformación hubo un incremento en el peso del PE derivado del consumo de sus fragmentos de bajo peso, lo que muestra que su mineralización es posible [4, 6]. Mientras que *Penicillium simplicissimum* disminuyó el peso del PE oxidado, previo al tratamiento termoquímico luego de 3 meses de incubación; esto demostró que en la naturaleza existen microorganismos con potencial para el ataque del PE, si tienen la condición nutricional favorable, en realizar su BR o fitorremediación (FR) *in situ* o *ex situ*, ya que está ampliamente documentado que existen vegetales de diversos géneros que podrían mineralizar este HC, en especial porque a nivel de la rizosfera se asocian con bacterias y hongos que oxidan PE como con la especie de *P. pinophilum* que podrían mejorar su mineralización a un valor superior al 50% más [3, 11].

En la mayoría de los hábitats naturales y artificiales, las poblaciones microbianas que oxidan PE se asocian con las raíces de plantas de esos sitios, lo que es un factor clave en la mineralización de este tipo de HC; dado que la microbiota de la rizosfera tiene en conjunto o consorcio mayor posibilidad de eliminarlo que solo aplicar la BR por BA con un cultivo puro de algún género bacteriano o de hongo, y/o combinación de ambos tipos de microbios; comparado con el resultado obtenido en la eliminación de PE, cuando se usa la FR, que ya incluye en sus raíces una amplia gama de grupos bacterianos, fúngicos y de otros no especificados, lo que se complementa con la fertilización química, lo que asegura una eficaz mineralización de PE, en especial por su hidrofobicidad, un problema que interfiere con su degradación, lo que se resuelve al agregar un detergente no iónico en el suelo y/o el agua. En esta condición ambiental el PE es usado por la microbiota de la rizosfera como fuente de carbono (C) y energía.

Mientras que la BR *ex situ* vía BA de suelo y/o agua impactada con PE es factible con *Pseudomonas aeruginosa* seleccionada naturalmente o modificada por ingeníera genética a nivel de biorreactor, con un detergente que lo emulsificó y facilitó para alcanzar una eliminación superior al 50% [1, 5].

Recientemente se aisló un miembro de la familia *Nocardiaceae*: *Rhodococcus ruber*, que forma una biopelícula en el PE; al disminuir su hidrofobicidad con un detergente, y con ello mejoro su mineralizacion *in vitro* [2], mientras que la adición de una mínima cantidad de 0,05% (v/v) de aceite mineral en medio de cultivo indujo la formación de una biopelícula que facilita la máxima eliminación del PE; por lo anterior, cierto grupo de microorganismos del ambiente oxidan esta clase de HC en condiciones de biorreactor o BR vía BA *ex situ* [2, 7, 10].

IV. Perspectivas en la biorremediación y fitorremediación de sitios impactados con PE

La BR *in situ* y/o *ex situ* de ambientes contaminados con PE, al igual que la FR, es una alternativa en el tratamiento biológico de este tipo de residuos de HC, siempre y cuando se realicen integralmente con acciones de reciclaje o reducción de este y otros HC contaminantes. La propuesta técnica en ecología microbiana plantea que mediante un pretratamiento del PE por exposición a radiación UV, o por disminución de su tamaño, para su solubilización con un detergente que aumente el contacto con consorcios microbianos, que a su vez sean estimulados con nutrientes esenciales en biorreactor, en el suelo o en el agua; en la aplicación de BR o FR, hará factible la eliminación de PE, por la diversidad de microorganismos que los utilizan como fuente de C y energía en un tiempo relativamente corto, y disminuir el impacto negativo de este clase de HC en el ambiente [3, 6, 11].

V. Conclusión

El PE es un derivado del petróleo de indiscutible utilidad en la vida y progreso humano moderno. Es necesario un manejo integral de sus residuos sólidos, mediante BR y/o FR; este es y será un problema ambiental sin beneficio que superará su actual utilidad.

Agradecimientos. Al Proyecto 2.7 (2011) de la CIC-UMSNH, por el apoyo a este trabajo.

VI. Bibliografía

1. Alexander, M. (1977). *Introduction to Soil Microbiology*. Ed. John Wiley and Sons. Nueva York, EUA.

2. Barratt, S.R.; A. R. Ennos; M. Greenhalgh; G. D. Robson y P. S. Handley (2003). "Fungi are the predominant micro-organisms responsible for degradation of soil-buried polyester polyurethane over a range of soil water holding capacities". *Journal of Applied Microbiology.* 95: 78-82.

3. Orhan, Y.; J. Hrenovic y H. Briyükgungor (2004). "Biodegradation of plastic compost bags under controlled soil conditions". *Acta Chim Slow.* 51: 579-588.

4. Méndez, C. R.; G. Vergaray; V. R. Béjar y K. J. Cárdenas (2007). "Isolation and characterization of polyethylene-biodegrading Mycromycetes". *Rev. Peru. Biol.* 13(3): 203–205.

5. Feuilloley, P.; C. Guy; L. Benguigui; Y. Grohens; I. Pillin; H. Bewa; S. Lefaux y J. Mounia (2005). "Degradation of polyethylene designed for agricultural purposes". *Journal of Polymers and Environment.* 13: 4-9.

6. Gilan, I.; Y. Hadar y A. Sivan (2004). "Colonization, biofilm formation and biodegradation of polyethylene by a strain of *Rhodococcus ruber*". *Appl. Microbiol. and Biotechnol.* 65: 97-104.

7. Hadad, D.; S. Geresh y A. Sivan (2005). "Biodegradation of polyethylene by the thermophilic bacterium *Brevibacillus borstelensis*". *Journal of Applied Microbiology.* 98: 1093-1100.

8. Hoang, K. C.; M. Tseng y S. Wei-Jye (2006). *Degradation of Polyethylene succinate (PES) by a Newthermophilic* Microbispora *Strain.* Ed. Springer Science. Alemania.

9. Shimao, M. (2001). *Biodegradation of Plastics.* Ed. Elsevier. Alemania. 242-247.

10. http://www.telecable.es/personales/albatros1/quimica/industria/polietileno.htm; http://www.degradable.com.

11. Sivan, A.; M. Szanto y V. Pavlov (2006). "Biofilm development of the polyethylene-degrading bacterium *Rhodococcus rubber*". *Appl. Microbiol. and Biotechnol.* 72: 346-352.

Otras estrategias de biorremediación de ambientes impactados por aromáticos y pigmentos derivados de hidrocarburos

Por Juan Manuel Sánchez-Yáñez,
David Hernández García y
Liliana Márquez Benavídez

Contenido

Resumen

Los basidiomicetos relacionados con la "podredumbre blanca"
producen enzimas extracelulares que atacan la lignina y
xenobióticos contaminantes ambientales que tienen una

estructura química similar a ese polímero vegetal. El objetivo de esta breve revisión es analizar la utilidad de los HPB y sus enzimas ligninolíticas, en la eliminación de xenobióticos que dañan el ambiente: colorantes, aromáticos simples y policíclicos, bifenilos policlorados, herbicidas, clorofenoles, nitroaromáticos, etc., una estrategia para recuperación de recursos naturales impactados con xenobióticos tóxicos.

Palabras claves. Contaminación ambiental, xenobióticos, basidiomicetos.

I. Antecedentes

En la naturaleza, los hongos de la podredumbre blanca (HPB) son basidiomicetos, nativos en bosques de pino, encino y otras especies vegetales asociadas [1-3]; se les denomina HPB porque mineralizan la lignina y polímeros relacionados a la madera que destruyen con un color blanco [20, 30]. Los HPB realizan una función natural esencial en la conversión de lignina, polímero polifenólico heterogéneo que se degrada por una oxidación. Su producción anual se estima en 20,3 x 10^{12} kg anuales y su reciclaje por hongos de la HPB contribuye a que su degradación sea un factor fundamental del ciclo del carbono en bosques, una de las mayores reservas de carbono orgánico del suelo.

II. Dinámica de los hongos de la pudrición blanca (HPB) en la mineralización de lignina

Los HPB secretan una o más de las tres enzimas extracelulares oxidativas esenciales en la mineralización de lignina: lignina-peroxidasa (LiP, E.C.1.11.1.14), que por síntesis endógena de H_2O_2, oxida veratril alcohol y, a la vez, oxida compuestos aromáticos no fenólicos. En la reacción se generan radicales arilo y alquilo, anabolizados intracelularmente. La manganeso-peroxidasa (MnP, E.C. 1.11.1.13), que oxida el Mn^{2+} a Mn^{3+} dependiente del H_2O_2, y oxida componentes fenólicos de la lignina [40-43]; y la lacasa (Lac, E.C. 1.10.3.2), una fenol oxidasa con cobre [20-22], que oxida anillos de la lignina [30-33]. El patrón de actividad de estas enzimas es específico del género y especie de hongo involucrado, algunos excretan LiP, MnP y no sintetizan lacasa, o MnP, lacasa y no LiP. Existen otras enzimas indirectamente asociadas con la mineralización de lignina, que son: la glioxal oxidasa (E.C. 1.2.3.5) y la superóxido dismutasa (E.C. 1.15.1.1), que sintetiza H_2O_2, necesario para la actividad de la LiP y la MnP. Mientras que otras enzimas funcionan como enlace entre las rutas de mineralización de la lignocelulosa, como la glucosa oxidasa (E.C. 1.13.4), la aril alcohol oxidasa (E.C. 1.13.7), la celobiosa quinona oxidorreductasa (E.C. 1.15.1) y la celobiosa deshidrogenasa (E.C. 1.199.18), según lo señala la literatura [19, 33, 39].

La síntesis de la LiP y la MnP se realiza en alta tensión de oxígeno, aunque se reprime en agitación o cuando los hongos se cultivan en medio líquido; sin embargo, la Lac se sintetiza en agitación. Estas tres enzimas son inespecíficas y se inducen en condición limitante de nutrientes, básicamente compuestos de nitrógeno [5, 7, 9]; el complejo enzimático es inespecífico, por ello se puede emplear en la eliminación de contaminantes ambientales con estructura química similar a la lignina [36-38], como: aromáticos, nitroaromáticos, aromáticos policíclicos, herbicidas, pesticidas, detergentes clorofenoles y colorantes [22-26].

III. Aplicaciones de los HPB y sus enzimas extracelulares en la eliminación de xenobióticos

Actualmente un hongo y sus enzimas aplicables en la eliminación de xenobióticos es *Phanerochaete chrysosporium*, que mineraliza compuestos insolubles con ese complejo enzimático, mejor que géneros bacterianos [5, 10, 11]; los HPB que mineralizan lignina tienen potencial en la biorremediación de ambientes impactados por sustancias recalcitrantes [25-27], como se describe a continuación. En la naturaleza, los xenobióticos son mineralizados por HPB y/o sus enzimas; ejemplos de ello son los siguientes.

III.1. Colorantes

En la industria textil, se estima que del 10-14% del colorante, después del teñido de telas, se vierte en un efluente de agua dulce. Los más comunes son: azo, trifenilmetano o polimérica/ heterocíclica, estables al ataque de la mineralización, por la microbiota natural, por su estructura química compleja, e interfieren en procesos bioquímicos vitales: en consecuencia, dañan el ambiente; para minimizar su impacto negativo, una alternativa viable es la utilización de HPB degradadores de lignina [29-31]. En la literatura se investigaron 26 HPB en la decoloración de verde de malaquita, azure B, poli-R-478, antroquinona azul, rojo Congo y xilidina, en medios de cultivo sólido, con agar extracto de malta y el colorante [33-35]. Los resultados señalan que los hongos sintetizaron LiP, MnP y Lac, en la decoloración de colorantes; y se identificó una nueva especie del género *Coriolus versicolor f antarcticus*, que decoloró en un 28% xilidina, en un 30% poli-R-478, en un 43% azul brillante de Remazol R, en un 88% verde de malaquita y en un 98% índigo carmín en 60 minutos.

En tanto, se investigó Trametes versicolor en medio de cultivo líquido, para la degradación de colorantes [11-14]. Los resultados indicaron que el amarillo dorado R, el violeta 5, el azul 28 y el rojo Ponceau 4R a concentración de 80 ppm se mineralizaron en 72 h de incubación; el negro 5 en concentración de 40 ppm a los 5 días. Mientras que no se degradaron ni el rojo 152 ni el azul novatito BC S/D.

IV. ANÁLISIS DE LOS EXTRACTOS DE HPB EN LA ELIMINACIÓN DE XENOBIÓTICOS

Los HPB en sus extractos crudos contienen enzimas extracelulares en la destoxicación de colorantes [36-38], que analizaron el efecto de extractos de *T. hispida* y *Pleurotus ostreatus*, sobre la degradación de 23 colorantes. Los resultados mostraron una alta actividad de MnP y Lac de *P. ostreatus*, asociada con la decoloración de los colorantes. Mientras, la adición intermitente de MnP de *P. chrysosporium*, en la degradación de poli-R-478 y cristal violeta en un reactor, aumentó en un 70% la decoloración del cristal violeta, y en un 30% la de poli-R-478 en 2 h [16-19]; esto muestra el potencial de los extractos para eliminar colorantes tóxicos en el suelo y el agua.

IV.1. AROMÁTICOS

En la biorremediación de ambientes contaminados con xenobióticos tipo aromático, se recomiendan los HPB [2-5] como el efecto de *T. versicolor* en la mineralización de benceno y tolueno a concentración de: 50, 100, 200, 250 y 300 mg/l, en medio de cultivo líquido, a pH 5, temperatura de 28 °C, y agitación. Los resultados indicaron que *T. versicolor* consumió el tolueno, el benceno en concentración de 50 mg/l a las 4 h; y de 300 mg/l a las 36 h, del tolueno y de 42 h, del benceno. Respecto de otras especies de HPB, como *Cladosporium resinae* ATCC 34066, *C. sphaerospermun* ATCC 200384, *Exophiala lecanii-corni* CBS 102400, *Mucor rouxii* ATCC 44260 y *P. chrysosporium* ATCC 24725, se investigó la mineralización de aromáticos, cetonas y ácidos orgánicos liberados como única fuente de carbono y energía, en un medio de cultivo cerámico. Los resultados mostraron que *E. lecanii-corni* y *C. sphaerospermun* los mineralizaron aunque *P. chrysosporium* no consumió estireno;

C. resinae oxidó las cetonas, los ácidos orgánicos, el etilbenceno y el tolueno, mientras que *M. rouxii* mineralizó acetato de n-butilo y 3 etoxipropionato de etilo [11, 15, 19].

La eficiencia de *P. chrysosporium* NRRL 6361 y *P. pulmonaris* CBS 664.97 para la mineralización de mezclas de aromáticos y metales pesados se evaluó en un suelo contaminado no estéril. Los resultados mostraron que *P. chrysosporium* NRRL 6361 y *P. pulmonaris* CBS 664.97 mineralizaron naftaleno, tetraclorobenceno e isómeros de dicloroanilina en 30 días [6, 8, 12].

V. Hidrocarburos aromáticos policíclicos (HAP)

Los HAP están formados por 2 o más anillos fusionados, que se liberan en emisiones industriales, durante la combustión incompleta de la gasolina en automotores, en plantas de generación de energía, naturalmente en depósitos de carbón, en el proceso de transformación de derivados aromáticos de terpenos, esteroles, quinonas, etcétera. Estos compuestos son recalcitrantes y potenciales carcinogénicos. Los HPB son los principales mineralizadores de HAP y sus extractos extracelulares son una alternativa de biorremediación en ambientes contaminados con estos compuestos poliaromáticos [2, 13, 20].

Los HPB sintetizan enzimas ligninolíticas que oxidan los HAP, como se reportó [38, 40, 43] en un estudio con *Ierpes lacteus* en un suelo contaminado artificialmente con HAP y en medio líquido, mineralizó HAP de 3 y 4 anillos, en suelo estéril no sintetizó Mn-peroxidasa y en cultivo estático en concentración de amonio de 45mM produjo LiP, MnP y Lac. Otro estudio reportó que *T. versicolor* sintetizó una Lac en cultivo estático a pH 6 y temperatura de 30 °C para oxidar 100 mg/l y 10 mg/l de fenantreno en un 46% y en un 76,5%

a las 36 h, respectivamente, la adición de inductores ABTS y HBT aumentó en un 40% la oxidación de fenantreno [5, 25, 42]. Para que los HPB con sistema ligninolítico sean eficientes en la mineralización de los HAP, la solubilidad es un factor crítico; así se adicionan detergentes como en el estudio del efecto de *P. chrysosporium,* más *tween* 80, sobre la mineralización de fenantreno, pireno y benzo-⊠-pireno, en un reactor de contacto biológico rotatorio (RBC). Los resultados mostraron que el *tween* 80 aumentó la disponibilidad de los contaminantes y el sistema ligninolítico de *P. chrysosporium* los mineralizó [40, 42]; lo anterior apoya la aplicación de los sistemas enzimáticos fúngicos en ambientes contaminados por HAP.

Por otra parte, existe investigación de la interacción de HPB y ectomicorrizicos en la mineralización de HAP de 3-7 anillos en suelo estéril y no estéril *in vitro*, en donde los resultados mostraron una mineralización de un 88,5-92,7% de los HAP de 3 anillos; de un 83,4-87,4% de los de 4 anillos; y de un 22-42,1% de los de 5-7 anillos en 3-12 días, en suelo no estéril. Los HPB y ectomicorrizicos mineralizaron en un 12,6; 37,9 y 9,4% los HAP, en suelo estéril con elevado contenido de materia orgánica, y mineralizaron en un 29-42% los de 5-7 anillos en 287 días, en suelo no estéril rico en materia orgánica [13, 23, 33].

V.1. BIFENILOS POLICLORADOS (BFP)

Los BFP se utilizan en la industria como fluidos dieléctricos e hidráulicos, diluyentes orgánicos, plastificantes, etc.; por su estabilidad química, son recalcitrantes a la biodegradación, causan serios problemas de contaminación, y por esa razón hay estrategias de biorremediación al respecto. Existen diversos reportes en la literatura acerca de la capacidad degradativa de los HPB sobre los BFP, como el ejemplo: 4 cepas de *P. ostreatus* mineralizaron en un 40% Delor 103 en dos meses [9,

[17, 21)]; estudios con *T. versicolor* sobre la mineralización de BFP radiomarcados con C^{14} y la adición de Triton X-100 y Dowex 8390 demostraron que *T. versicolor* mineralizó en un 12% los BFP debido a que el Triton X-100 incrementó la solubilidad y estimuló la producción de $^{14}CO_2$ por parte del hongo [3, 7, 14]. Por otra parte, se han utilizado enzimas de tipo lacasa de *T. versicolor* y *P. ostreatus* en la mineralización de bifenilos policlorados hidroxilados (BPH). La lacasa de *T. versicolor* degradó más los BPH que la de *P. ostreatus*, el 3-hidroxi bifenilo fue más resistente a la mineralización por las lacasas que análogos 2-4 hidroxilados [16, 18, 25)]; lo anterior prueba la capacidad de los HPB en la mineralización de BFP.

V.2. PLAGUICIDAS

Estos compuestos contaminan aguas superficiales y subterráneas, lo que constituye un problema ambiental, pues algunos de estos químicos son carcinogénicos, además de su bioaumentación en la cadena alimenticia, por lo que se necesita una estrategia de biorremediación para minimizar o eliminar su impacto negativo ambiental.

Los HPB y sus enzimas ligninolíticas han demostrado ser una alternativa viable en la degradación de pesticidas o de algunos de sus componentes como con *Coriolus versicolor* [4, 19, 21)], el cual mineralizó cloronitrofen y nitrofen; esto apoya que los basidiomicetos poseen un complejo enzimático inespecífico. Un estudio en medio líquido demostró que *C. versicolor*, *Hypholoma fasciculare* y *Stereum hirsutum* degradan en un 86% diuron, atrazina y terbutilazina, y en un 44% el metalaxil, en 42 días [3-6)]. Otros hongos como *Bjerkandera adusta* 8258, *P. ostreatus* 7989 y *P. chrysosporium* 3641 también tienen la capacidad de degradar compuestos del tipo, azinfos-metil phosmet y tributos como lo reportan, en el 2003, Jáuregui *et al.*, en estudios *in vitro*, donde los hongos degradaron en un

50-96% los herbicidas en 4 días. La adición de detergentes en estudios de degradación de pesticidas aumenta la solubilidad y disponibilidad de los contaminantes para ser utilizados como sustratos por el complejo enzimático de los hongos, como se observó en el estudio realizado [3, 16], donde el *tween* 80 y Mn-P disminuyeron la concentración de metoxiclor en un 65% en 24 h.

V.3. CLOROFENOLES

Millones de toneladas de clorofenoles se producen cada año. Uno de los compuestos más utilizados es el pentaclorofenol (PCF), el cual se utiliza como conservador de la madera, durante el proceso del blanqueo de la pulpa. Los efluentes contienen fenoles clorinados altamente tóxicos, como por ejemplo el 2,4,6-clorofenol, carcinogénico en animales, y el p-clorofenol, posible carcinogénico en humanos. Recientemente, la atención se centra en la disposición de clorofenoles al ambiente, por los efectos tóxicos señalados y además porque son precursores de dioxinas.

Investigaciones realizadas con HPB sobre la degradación de compuestos de tipo clorofenólico demuestran que *T. versicolor* mineraliza PCF cultivado en diferentes medios de cultivo, *T. versicolor* cultivado en paja de trigo produjo la mayor deshalogenación. La degradación de PCF en suelo no estéril más *T. versicolor* fue mayor que en el suelo control sin el hongo. *T. versicolor* mineralizó en mayor proporción pentacloroanisol comparado con *P. chrysosporium* en medio líquido; por lo que es factible su utilización en estrategias de bioaumentación en suelos contaminados [41-43]. Se han realizado estudios con Li-P de *P. chrysosporium* en reactores de lecho empacado, donde se demuestra la degradación de PCP en un 80% [33-36].

Se investigó con *P. chrysosporium* suspendido e inmovilizado la degradación de 4-clorofenol (4-CF) en un reactor estático y rotatorio y en matraz [26-28]. Los resultados mostraron una mayor degradación de 4-CF por *P. chrysosporium* en el reactor rotatorio que en matraz, en un medio que reprime la expresión de Li-P y Mn-P.

V.4. Nitroaromáticos

Estos compuestos como el nitrobenceno, el nitrotolueno, los nitrofenoles y los nitrobenzoatos contaminan el ambiente; se utilizan en síntesis de pesticidas, explosivos, colorantes, polímeros y/o farmacéuticos. El problema es que pocos son biodegradables, y representan un problema ambiental por su recalcitrancia; además, algunos nitroaromáticos son tóxicos para humanos y animales. Algunas investigaciones demuestran que los HPB oxidan compuestos nitroaromáticos como el trinitrotolueno (TNT), por lo que se considera como una posible alternativa de solución para la recuperación de ambientes contaminados por estos compuestos. No existen reportes de aislamientos de HPB de ambientes contaminados por TNT, aunque algunos géneros de hongos filamentosos han sido aislados; sin embargo, su capacidad degradativa es limitada [3-5]. A la fecha existen pocos reportes de HPB y la mineralización de TNT [23, 27] con Irpex lacteus donde estudiaron la degradación de 2,4,6-trinitrotolueno in vitro en cultivo estático y agitación, la mineralización de TNT en condición estática fue mayor que en agitación. La adición al medio de cultivo del detergente tween 80 al 1% aumentó la solubilidad del TNT y la mineralización en un 30,57% en condición estática. Otros estudios in vitro demuestran que T. trogii cepa BAFC 463 degrada nitrobenceno y antraceno en un 90% a concentración de 250-500 ppm a los 24 días; se observó una mayor producción de lacasa en comparación con MnP y LiP, lo que sugiere que la actividad de lacasa está relacionada con la degradación de estos contaminantes

[18, 28, 38]. En otro estudio, se investigó con Irpex lacteus y P. ostretaus la degradación de PAH de 4 y 7 anillos en dos suelos industriales contaminados, I y II. Los resultados indicaron que I. lacteus mineralizó en el suelo I: fluoreno en un 41% y 26%, fenantreno en un 20% y 0%, antraceno en un 29% y 19%, fluoranteno en un 29%, pireno en un 24% y 22%, criseno en un 16% y 0%, y benzo-⊠-antraceno en un 13% y 0%. En el suelo II: fluoreno en un 67% y 35%, fenantreno en un 56% y 20%, antraceno en un 49% (49 y 53%), fluoranteno en un 57% (57 y 31%), pireno en un 42% (42%), criseno en un 32% y 42%), y benzo-⊠-antraceno en un 20% (20 y 13%). P. ostreatus mineralizó en el suelo I: fluoreno en un 26%, antraceno en un 19%, fluoranteno en un 29%, pireno en un 22%, y no mineralizó fenantreno, criseno ni benzo-⊠-antraceno. En el suelo II: fluoreno en un 35%, fenantreno en un 20%, antraceno en un 53%, fluoranteno en un 31%, pireno en un 42%, criseno en un 42% y benzo-⊠-antraceno en un 13%. Por lo que es evidente su uso potencial en la biorremediación para la recuperación de ambientes contaminados con estos compuestos [4, 17, 20].

V.5. Otros compuestos

Existen otros compuestos sintéticos que por su estructura y su composición química compleja no han sido estudiados, pero algunas evidencias sugieren que pueden ser transformados y mineralizados por el sistema enzimático de los hongos de la podredumbre blanca, como por ejemplo la utilización de C. versicolor, Funalia trogii, P. chrysosporium y P. pulmonaris en la decoloración de vinasas en cultivo estático. Los resultados al respecto de estos hongos muestran que no solo decoloran las vinasas, sino también reducen la demanda química de oxígeno [6, 27, 39]. Otro estudio demuestra la capacidad degradativa de P. chrysosporium, P. ostreatus, Lentinus edodes, T. versicolor en un licor residual del molido de pulpa y papel en un medio plástico poroso; los HPB degradaron en un 71% la lignina y se disminuyó en un 48% la demanda química de oxígeno, lo que baja el costo del proceso [41-43].

Agradecimientos. Al Proyecto 2.7 de la CIC-UMSNH (2007-2008), por las facilidades para la realización de esta investigación.

VI. Conclusión

Esta revisión hace evidente la amplia capacidad de los hongos de la podredumbre blanca para mineralizar contaminantes; sin embargo, es necesario conocer más sobre el complejo enzimático y el catabolismo de los principales contaminantes ambientales. La estrategia de biorremediación está bien establecida, aunque la mayoría de los reportes mencionan la utilización de bacterias. La estrategia de utilizar hongos abre las posibilidades de ampliar la diversidad de contaminantes a ser mineralizados en suelo y agua y que son recalcitrantes a la degradación bacteriana y/o los métodos químicos.

La utilización de hongos de la podredumbre blanca podría ser viable en suelos contaminados por hidrocarburos aromáticos policíclicos donde la recalcitrancia y la disponibilidad son una desventaja, o en la decoloración de colorantes a nivel de biorreactores donde se utilicen sustratos y/o medios residuales.

VII. Bibliografía

1. Andersson, B. E.; S. Lundstedt; K. Tornberg; Y. Schunurer; L. G. Oberg y B. Mattiasson (2003). "Incomplete

degradation of polycyclic aromatic hydrocarbons in soil inoculated with wood-rotting fungi and their effect on the indigenous soil bacteria". *Environ. Toxicol. Chem.* 22: 1238-1243.

2. Baudette, L. A.; O. P. Ward; M. A. Pickard y P. M. Fedorak (2000). "Low surfactant concentration increases fungal mineralization of a polychlorinated biphenyl congener but has no effect on overall metabolism". *Lett. Appl. Microbiol.* 30: 155.

3. Bending, G. D.; M. Friloux y A. Walker (2002). "Degradation of contrasting pesticides by white rot fungi and its relationship with ligninolytin potential". *FEMS Microbiol. Lett.* 212: 59-63.

4. Bennett, J. W.; P. Hollrah; A. Waterhouse y K. Horvarth (1995). "Isolation of bacteria and fungi from TNT-contaminated composts and preparation of 14C-ring labeled TNT". *Inter. Biodet. and Biodegr.* 35: 421-430.

5. Boyd, S. A. y D. R. Shelton (1984). "Anaerobic biodegradation of chlorophenols in fresh and acclimated sludge". *Appl. Environ. Microbiol.* 47: 272-277.

6. Cameron, M. D.; S. Timofeevski y S. D. Aust (2000). "Enzymology of *Phanerochaete chrysosporium* with respect to the degradation of recalcitrant compounds and xenobiotics". *Appl. Microbiol. Biotechnol.* 54: 751-758.

7. Christian, V.; R. Shrivastava; D. Shukla; H. A. Modi y B. R. Vyas (2005). "Degradation of xenobiotic compounds by lignin-degrading white-rot fungi: enzymology and mechanisms involved". *Indian J. Exp. Biol.* 43: 301-312.

8. Clemente, A. R.; T. A. Anazawa y L. R. Durrant (2001). "Biodegradation of polycyclic aromatic hydrocarbon by soil fungi". *Braz. J. Microbiol.* 32: 255-261.

9. Cohen, R.; L. Persky e Y. Hadar (2002). "Biotechnological applications and potencial of wood-degrading mushrooms of the genus *Pleurotus*". *Appl. Microbiol. Biotechnol.* 58: 582-594.

10. D'Annibale, A.; M. Ricci; V. Leonardo; D. Quarantino; E. Mincione y M. Petruccioli (2005). "Degradation of aromatic hydrocarbons by white rot fungi in a historically contaminated soil". *Appl. Environ. Microbiol.* (en imprenta).

11. Demir, G. (2004). "Degradation of toluene and benzene by *Trametes versicolor*". *J. Environ. Biol.* 25: 19-25.

12. Dittmann, J.; W. Heyser y H. Bucking (2002). "Biodegradation of aromatic compounds by white rot and ectomycorrhizal fungal species and the accumulation of chlorinated benzoic acid in ectomycorrhizal pine seedlings". *Chemosphere.* 3: 297-306.

13. Eichlerova, I.; L. Homolka y F. Nerud (2002). "Decolorization of synthetic dyes by Pleurotus ostreatus isolates differing in ligninolytic properties". Folia Microbiol. 47: 691-695.

14. Gramss, G.; K. D. Voigt y B. Kirsche (1999). "Degradation of polycyclic aromatic hydrocarbons with three to seven aromatic rings by higher fungi in sterile and unsterile soils". Biodegradation. 10: 51-62.

15. Han, M. J.; H. T. Choi y H. G. Song (2004). "Degradation of phenenthrene by Trametes versicolor and its laccase". J. Microbiol. 42: 94-98.

16. Hirai, H.; S. Nakanishi y T. Nishida (2004). "Oxidative dechlorination of methoxychlor by ligninolytic enzymes from white rot fungi". Chemosphere. 55: 641-645.

17. Hiratsuka, N.; H. Wariishi y H. Tanaka (2001). "Degradation of diphenyl ether herbicides by the lignin-

degrading basidiomycete Coriolus versicolor". Appl. Microbiol. Biotechnol. 57: 563-571.

18. Jáuregui, J.; B. Valderrama; A. Albores y R. Vázquez-Duhalt (2003). "Microsomal transformation of organophosphorus pesticides by white rot fungi". Biodegradation. 14: 397-406.

19. Keharia, H. y D. Madamwar (2002). "Transformation of textile dyes by white-rot fungus Trametes versicolor". Appl. Biochem. Biotechnol. 102-103: 99-108.

20. Kahraman, S. y O. Yesilada (2003). "Decolorization and bioremediation of molasses wastewater by white-rot fungi in a semi-solid-state condition". Folia Microbiol. Praha. 48: 525-528.

21. Keum, Y. S. y Q. X. Li (2004). "Fungal lacasse-catalyzed degradation of hidroxy polychlorinated biphenyls". Chemosphere. 56: 23-30.

22. Kim, H. Y. y H. G. Song (2003). "Transformation and mineralization of 2,4,6-trinitrotoluene by the white rot fungus Irpex lacteus". Appl. Microbiol. Biotechnol. 61: 150-156.

23. Kubatova, A.; P. Erbanova; I. Eichlerova; L. Homolka; F. Nerud y V. Sasek (2001). "PCB congener selective biodegradation by the white-rot fungus Pleurotus ostreatus in contaminated soil". Chemosphere. 43: 207-215.

24. Leonowicz, A.; A. Matuszewska; J. Luterek; D. Ziegenhagen; M. Wojtas-Wasilewska; N. S. Cho y M. Hofrichter (1999). "Biodegradation of lignin by white-rot fungi". Fungal Genet. Biol. 27: 175-185.

25. Leonowicz, A.; N. S. Cho; J. Luterek; A. Wilkolazka; M. Wojtas-Wasilewska; A. Matuszewska; M. Hofrichter; D. Wesemberg y J. Rogalski (2001). "Fungal laccase:

properties and activity on lignin". J. Basic Microbiol. 41: 185-220.

26. Levin, L.; A. Viale y A. Forchiassin (2003). "Degradation of organic pollutants by the white rot basidiomycete Trametes trogii". Inter. Biodet. and Biodegr. 52: 1-5.

27. Levin, L.; L. Papinutti y F. Forchiassin (2004). "Evaluation of Argentinean white rot fungi for their ability to produce lignin-modifyng enzymes and decolorize industrial dyes". Bioresour. Technol. 2: 169-176.

28. Mester, T. y M. Tien (2000). "Oxidation mechanism of ligninolytic enzymes involved in the degradation of environmental pollutants". Inter. Biodet. and Biodegr. 46: 51-59.

29. Moldes. D.; S. Rodríguez Couto; C. Cameselle y M. A. Sanromán (2003). "Study of the degradation of dyes by MnP of Phanerochaete chrysosporium produced in a fixed-bed bioreactor". Chemosphere. 51: 295-303.

30. Novtny, C.; P. Erbanova; V. Sasek; A. Kubatova; T. Cajthaml; E. Lang; J. Krahl y F. Zadrazil (1999). "Extracellular oxidative enzyme production and PAH removal in soil by exploratory mycelium of white rot fungi". Biodegradation. 10: 159-168.

31. Ogawa, N.; H. Okamura; H. Hirai y T. Nishida (2004). "Degradation of the antifouling compound Irgarol 1051 by manganese peroxidase from the white rot fungus Phanerochaete chrysosporium". Chemosphere. 55: 487-491.

32. Pérez, J.; J. Muñoz-Dorado; T. De la Rubia y J. Martínez (2002). "Biodegradation and biological treatments of cellulose, hemicellulose and lignin; an overview". Inter. Microbiol. 5: 53-63.

33. Pointing, S. B. (2001). "Feasibility of bioremediation by white rot fungi". Appl. Microbiol. Biotechnol. 57: 20-33.

34. Qi, B.; W. Moe y K. Kinney (2002). "Biodegradtion of volatile organic compounds by five fungal species". Appl. Microbiol. Biotechnol. 58: 684-689.

35. Rodríguez, E.; M. A. Pickard y R. Vázquez-Duhalt (1999). "Industrial dye decolorization by laccases from ligninolytic fungi". Curr. Microbiol. 38: 27-32.

36. Shah, V. y F. Nerud (2002). "Lignin degrading system of white-rot fungi and its exploitation for dye decolorization". Can. J. Microbiol. 48: 857-870.

37. Scheel, T.; M. Hofer; S. Ludwig y U. Holker (2000). "Differential expression of manganese peroxidase and laccase in white-rot fungi in the presence of manganese or aromatic compounds". Appl. Microbiol. Biotechnol. 54: 686-691.

38. Shim, S. S. y K. Kawamoto (2002). "Enzyme production activity of Phanerochaete chrysosporium and degradation of pentachlorophenol in a bioreactor". Water Res. 36: 4445-4454.

39. Walter, M.; L. Boul; R. Chong y C. Ford (2004). "Growth substrate selection and biodegradation of PCP by New Zealand white-rot fungi". J. Environ. Managem. 71: 361-369.

40. Wesenberg, D.; I. Kyriakides y S. N. Agathos (2003). "White-rot fungi and their enzymes for the treatment of industrial dye effluents". Biotechnol. Adv. 22: 161-187.

41. Wu, J.; Y. Z. Xiao y H. Q. Yu (2005). "Degradation of lignin in pulp mill wastewaters by white-rot fungi on biofilm". Bioresour. Technol. 12: 1357-1363.

42. Zheng, Z. y J. P. Obbard (2002). "Removal of surfactant solubilizad polycyclic aromatic hydrocarbons by

Phanerochaete chrysosporium in a rotating biological contactor reactor". J. Biotechnol. 96: 241-249.

43. Zouari, H.; M. Labat y S. Sayadi (2002). "Degradation de 4-chlorophenol by the white rot fungus Phanerochaete chrysosporium in free and inmovilized cultures". Bioresour. Technol. 84: 145-150.

Biorremediación de suelos y aguas subterráneas impactados por tóxicos ambientales

*Por Juan Manuel Sánchez-Yáñez y
Ramiro Eleazar Ruiz Nájera*

CONTENIDO

RESUMEN

La situación actual del uso de hidrocarburos (HC) ha llevado a buscar estrategias para su eliminación; una de las más aplicadas es la biorremediación (BR), que incluye la fitorremediación, mediante las cuales se eliminan derivados de HC que son un problema ambiental. El objetivo de esta breve revisión es mostrar las aplicaciones de la BR para recuperar ambientes impactados con HC tóxicos.

Palabras claves. Microbios, mineralización O_2, detergentes.

Juan Manuel Sánchez Yáñez

I. INTRODUCCIÓN

Los suelos y las aguas subterráneas tienen problemas específicos, diferentes a las superficiales, aunque con puntos en común; la contaminación en los suelos está asociada al agua que contienen [1, 2].

En la metodología para la descontaminación de suelos y aguas subterráneas influyen dos factores: los intrínsecos derivados de la naturaleza y geometría de la contaminación, y los económicos que consideran la mayor o menor necesidad de solucionar el problema, que no resuelven el 100% de la contaminación; en otros, genera un efecto indeseado en el suelo o agua de menor impacto que el problema inicial, y ello hace imprescindible un estudio riguroso de las alternativas para comparar los resultados previsibles frente a la posibilidad de no ejercer ninguna acción remediadora [3, 4].

II. FACTORES INVOLUCRADOS

En un suelo contaminado, lo primero es si es obligada su descontaminación, lo que depende de [5, 6]:

- Uso de suelo, actual y futuro; evaluar la posibilidad de que la contaminación llegue a la cadena trófica humana, por pastos o aguas superficiales.
- Ubicación, la proximidad del suelo contaminado a poblaciones humanas es otro importante factor.
- Origen químico de la contaminación, lo que condiciona en un suelo su posible necesidad de tratarlo.
- Origen del suelo, los compuestos contaminantes, lo que depende de sus propiedades de amortiguación, de la textura, de la permeabilidad, del pH, de la materia orgánica.

- Posibilidad de contaminación al acuífero.

La contaminación afecta a las aguas subterráneas por infiltración, debe determinarse su causa y posible remediación [7, 8]:

- El origen específico.

- El acceso del contaminante al acuífero o a las capas profundas del suelo, del tipo antrópico (pozo de agua), natural (sumidero), por una infiltración al suelo. El primer caso afecta rápidamente a las aguas subterráneas, es más sencillo solucionar a medio y largo plazo; la infiltración implica un menor grado de afectación en aguas subterráneas por la capacidad de atenuación del suelo.

- El origen químico del contaminante es fundamental para definir su remediación.

- Partículas en suspensión por infiltraciones directas a acuíferos.

- Sales en disolución, minerales aniónicos o catiónicos del agua mediante su extracción y tratamiento.

- Otras propiedades fisicoquímicas de los contaminantes, como la acidez, la alcalinidad, el potencial redox.

- NAPL o *non aqueous phase liquid*: fase líquida densa no acuosa, líquidos inmiscibles en agua de menor densidad como los hidrocarburos del petróleo.

- DNAPL o *dense non aqueous phase liquid*: fase líquida densa no acuosa, líquidos inmiscibles con el agua y de mayor densidad como disolventes orgánicos, del tipo *Tricloroeteno* de tintorería.

- El primer estudio define distribución geométrica de los contaminantes [9, 10].

- Generalizada que afecte todo el acuífero o al suelo.

- Puntual, afecta solamente un área limitada, como un contaminante químico inmiscible en agua, por infiltración.

- Plumas: son derivados de una contaminación específica.

II.1. Remediación

En general, las técnicas se clasifican en tres tipos: de confinamiento, tratamiento *in situ* y *ex situ*.

II.1.1. Confinamiento

El aislamiento de las aguas o suelos contaminados evita la transferencia lateral; se basa en la construcción de **barreras** [11, 12].

- **Barreras de lodo:** trincheras verticales que se excavan alrededor del área contaminada, se rellenan con lodo que impermeabiliza el perímetro, el relleno por mezclas complejas del suelo con arcillas: sepiolita, bentonita. El cemento aumenta el grado de confinamiento con profundidad máxima de 15 m entre 0,6 y 1,2 m de espesor, con mayor efectividad con una capa infrayacente de menor permeabilidad.
- **Lechada de cemento:** impermeabilizar por inyección una capa de cemento en el perímetro inferior del área contaminada; se requiere un equipamiento específico.
- **Barreras químicas:** se inyecta en el área afectada un químico que impida la dispersión del contaminante para reducir su permeabilidad, su toxicidad o movilidad.
- **Barrera de paneles:** se implantan paneles o tabiques de madera, cemento, hormigón armado, en el terreno sin excavación.
- **Membranas sintéticas o geomembranas:** textiles de permeabilidad diferencial, instaladas por excavación en el área afectada.

Otro aislamiento de **vitrificación *in situ*** consiste en fundir el suelo a alta temperatura: 1.600-2.000 °C por corriente eléctrica:

- a) La mineralización de contaminantes orgánicos que se transforman en gases recogidos en campanas en la zona.

- b) El aislamiento de otros contaminantes en el suelo por inertización de metales pesados forma parte de un vidrio resistente a la meteorización.la vitrificación *in situ* es una alternativa agresiva, efectiva para contaminación polifásica de compuestos refractarios, técnica aplicada hasta unos 6 m de profundidad.

II.1.2. Tratamiento in situ

Se aplica al suelo o agua subterránea afectados por el problema; el costo económico es viable. El tratamiento *in situ* es biológico y/o fisicoquímico [1, 3].

Las técnicas de remediación *in situ* de carácter **biológico** son: biorremediación y fitorremediación.

La **biorremediación** (BR) es el uso del potencial microbiano para mineralizar o reducir el contaminante tipo orgánico como el petróleo en suelo y aguas subterráneas; deben considerarse: la temperatura, los nutrientes, la cantidad de oxígeno (O_2) suficiente para destruir tóxicos.

El oxígeno es básico; se debe bombear como aire al suelo, con minerales y melaza. Si se añaden microbios especializados es bioaumentación, si no existen en el área, la condición adecuada para la BR no siempre se logra en suelo o agua; en áreas con clima frío o en suelo denso, se excava y saca suelo a la superficie, donde se mezcla y calienta con nutrientes, aunque algunos microbios funcionan sin oxígeno. Para evitar que sustancias químicas volátiles contaminen el aire, se mezcla el suelo en tanques, donde se evaporan. Los microorganismos eliminan tóxicos de aguas subterráneas y suelo, el agua se mezcla con los nutrientes y el aire antes de reinyectarse, se bombea con nutrientes en aguas subterráneas. La BR es segura, con microbios en suelo, útiles sin peligro para la comunidad

humana; los nutrientes que se añaden para los microbios son del tipo de fertilizantes para agricultura [3, 6].
Ventajas de esta técnica:

- *In situ* es lo que evita extraer suelo y el contacto de los trabajadores con el suelo o agua contaminados.
- No liberación de gases tóxicos al aire, tampoco residuos.
- No requiere equipamiento ni trabajo como otras, es económica.

Desventajas:
- Solo aplicable a hidrocarburos biodegradables.
- Efectiva principalmente en superficies.

La **fitorremediación** es una técnica biológica con plantas para eliminar tóxicos ambientales, como muestra el Cuadro 1.

CUADRO 1. Fitorremediación en contaminación ambiental por metales pesados y otros tipos.

Ventajas	Limitaciones
Fitoextracción	
El empleo de plantas hiperacumuladoras, que extraen metales pesados en suelo.	
La planta debe de producir abundante biomasa en tiempo breve.	Las hiperacumuladoras de metales tienen crecimiento lento, son poco productivas y con sistema radicular pobre, su biomasa debe almacenarse o procesarse.
Fitoestabilización	
Plantas metalófitas nativas para estabilizar física y químicamente suelo rico en metales.	
Hace innecesaria la excavación/ eliminación del suelo; es menos costosa; es posible la restauración del ecosistema.	Requiere fertilización o mantenimiento del suelo a largo plazo para evitar lixiviados.

Referencias: [1, 2].

Fitovolatilización	
Extracción del contaminante del suelo por plantas y liberación a la atmósfera.	
Transforma los contaminantes en formas menos tóxicas.	El tóxico se acumula en la vegetación, en frutos o partes comestibles.
Fitofiltración/Rizofiltración	

Plantas terrestres y acuáticas para absorber, concentrar y precipitar contaminantes de medios acuáticos.	
Usada *in situ* o *ex situ* aplicable en sistemas terrestres como acuáticos.	El pH ambiental se controla para la captación del metal, es necesario regular interacciones entre géneros vegetales. Funciona como biorreactor, requiere mantenimiento continuo.

III. Fitorremediación de metales pesados

Fitorremediación es la revegetación de terrenos afectados por actividades mineras, fitoestabilización básica, plantas en la escombrera. Atenúa los efectos de dispersión de los materiales por el viento, el agua, genera un suelo que actúa como barrera, evita la emisión de los contaminantes, con plantas "ruderales" que se desarrollan en suelo degradado. Para acelerar el proceso, se recubre la escombrera con suelo vegetal para plantas comunes [9, 10].

La fitorremediación elimina suelo contaminado por hidrocarburos biodegradables. Los árboles se alimentan de hidrocarburos, los convierten en materia vegetal, en CO_2 y agua.

En minería, la fitoextracción es útil para metales pesados en el suelo, la planta los absorbe si están biodisponibles. Se acumulan en la planta, raíces, tallos, hojas, frutos. Las raíces de plantas actúan como barreras para los metales pesados, que se acumulan en la raíz. También favorecen la transformación del contaminante por microbios de las raíces [11, 12].

La ventaja de la fitorremediación es su bajo costo, los métodos convencionales de remediación cuestan de 100.000 a 1.000.000 de euros/hectárea, y la fitorremediación tiene un valor de entre 200 y 100.000 euros/hectárea; sus limitaciones son:

- Solo se usan plantas "hiperacumuladoras" que acumulan y toleran 10-100 veces más un metal que plantas normales.
- Las hiperacumuladoras solo atrapan un metal.
- Las hiperacumuladoras crecen lentamente, con pobre biomasa.
- Se conoce poco de las propiedades agronómicas de estas plantas, sus necesidades nutricionales y susceptibilidad a enfermedades y ataques de insectos.

Las técnicas de remediación *in situ* **fisicoquímicas** incluyen: atenuación natural controlada, barreras reactivas permeables, extracción con vapor y aireación del suelo, *flushing in situ*, tratamiento térmico, oxidación química y fracturación [13].

La **atenuación natural controlada** (MNA, *monitored natural attenuation*) es el aprovechamiento natural para eliminar o reducir la contaminación en los suelos y las aguas subterráneas, en áreas contaminadas [1, 14].

Cuando el ambiente se contamina con químicos, la naturaleza los elimina por:

- Acción bacteriana: en el suelo, en aguas subterráneas que mineralizan el tóxico.
- Sorción: los químicos se absorben al suelo que los fija al lugar, así se impide que contaminen las aguas subterráneas o escapen del lugar.
- Mezcla y dilución: al pasar las aguas subterráneas a través del suelo, se mezclan con agua limpia, y se diluyen.

- Evaporación: algunos químicos, como petróleo y solventes, se evaporan, se convierten de líquidos a gases en el suelo. Si esos gases escapan al aire de la superficie del suelo, el sol los destruye [2, 12].

Las **barreras reactivas permeables (BRP)** son similares a las utilizadas en el aislamiento señaladas anteriormente; se instalan donde se identifica un flujo de aguas subterráneas contaminadas, para su depuración. Las BRP se construyen cavando una zanja larga y estrecha en el camino de las aguas subterráneas contaminadas. La zanja se llena de reactivo que elimina el contaminante [14].

Los más corrientes son el hierro, la caliza y el carbono, activado o no, que se mezclan con arena para facilitar que el agua fluya a la barrera, que es parte de un embudo que dirige la aguas subterráneas contaminadas, y recibe en inglés el nombre de *funnel and gate*; la zanja se rellena con suelo, no es visible en la superficie. El material de la barrera depende del contaminante en las aguas subterráneas [15]:

- Atrapan o sorben el contaminante de la superficie, el carbono tiene una superficie que sorbe el tóxico cuando las aguas subterráneas lo atraviesan.
- Precipitan el contaminante disuelto en agua, la caliza hace que los metales disueltos precipiten.
- Transforman el contaminante tóxico en inofensivo, el hierro transforma algunos solventes tóxicos en inofensivos.
- Estimulan a los microorganismos del suelo para mineralizar tóxicos con nutrientes y oxígeno en las BRP, contribuyen a que los microorganismos crezcan y mineralicen el contaminante.

Las BRP eliminan tipos de contaminación subterráneos, funcionan mejor en sitios de suelos arenosos poco compactos con flujo sostenido a agua subterránea. La contaminación no está abajo de 15 m de profundidad. Las BRP son más económicas que otros métodos. Los suelos se usan mientras se descontaminan. Funcionan con el flujo natural de las aguas subterráneas [16, 17].

La **extracción de vapores del suelo** y la **aireación del suelo** (*soil vapor extraction* y *air sparging*) son técnicas complementarias, que se emplean para extraer contaminantes del suelo por vaporización. La primera se emplea por encima del nivel freático, la segunda se utiliza por debajo [20].

La extracción de vapores (SVE) consiste en la perforación de pozos por encima del nivel freático, en los que se genera vacío, se bombean los contaminantes volátiles del suelo y se combinan con pozos de inyección de aire, en función del área: tipo de suelo.

La inyección de aire (*air sparging*) introduce aire en el suelo, abajo del nivel freático; la aireación del agua subterránea favorece la vaporización de los contaminantes, que son bombeados a la superficie a través de pozos de extracción similares a los de extracción de vapor. La entrada de aire al suelo que suponen estas dos técnicas favorece, además, el desarrollo de microorganismos bacterianos, que a su vez favorecen la descontaminación a través de la transformación metabólica de los contaminantes en agua y CO_2. Las instalaciones requeridas para este tipo de tratamiento son económicas y de fácil mantenimiento, lo que hace que sean bastante empleadas [19].

Flushing in situ es una técnica química que se utiliza para eliminar contaminantes de tipo NAPL o DNAPL, inmiscibles con el agua, y que, por tanto, no son arrastrados por los flujos acuosos. Esta técnica se basa en la infiltración en el terreno (desde superficie o pozos de inyección) de compuestos químicos que reaccionan con el contaminante, disolviéndolo. Los productos utilizados son surfactantes (detergentes) y cosolventes (alcoholes), que se mezclan con agua y se ponen en contacto con el contaminante, y se bombean a superficie a través de pozos de extracción. La técnica se ve especialmente favorecida cuando el contaminante se encuentra en un terreno arenoso en contacto con otro arcilloso infrayacente.

Es una técnica mucho más problemática que las anteriores, dado que implica el manejo e infiltración en el terreno de sustancias químicas (con cierta toxicidad y costo económico a considerar). Sin embargo, resulta efectiva en muchas ocasiones, y es la alternativa a métodos *ex situ*, normalmente de mayor costo [16-18].

Los **tratamientos térmicos** son un grupo de técnicas que se basan en la extracción de contaminantes a través de su movilización a altas temperaturas. Los productos químicos así movilizándose se desplazan a través del suelo y las aguas subterráneas hasta pozos, donde son captados y bombeados por calentamiento mediante resistencia eléctrica, o mediante radiofrecuencia o por conductividad térmica (calentamiento de tubos de acero). En todos los casos, se consigue una movilización del contaminante químico, que se extrae a través de un pozo al efecto.

El costo de estas técnicas es relativamente alto, pero a menudo se muestran muy efectivas, incluso en condiciones muy desfavorables (contaminantes retenidos en terrenos arcillosos).

La **oxidación química** emplea compuestos oxidantes para destruir la contaminación de suelos y aguas subterráneas, transformando a esta en compuestos inocuos, como agua y CO_2. Esta técnica permite destruir muchos combustibles, solventes y plaguicidas [19, 20].

La técnica se basa simplemente en la introducción en el terreno de los oxidantes, a través de pozos a diversas alturas, sin que sea necesario bombear los productos de la oxidación. No obstante, se observa que se logra una mayor efectividad de la técnica si se establece un sistema cerrado, reinyectando lo obtenido por el pozo de extracción: con ello se ayuda a que se mezcle mejor el oxidante con los productos que constituyen la contaminación.

Los productos oxidantes más utilizados son el agua oxigenada y el permanganato de potasio (de menor costo). También puede emplearse el ozono, aunque su carácter de gas hace más problemático su manejo. En algunos casos, junto con el oxidante se emplea un catalizador, que aumenta el rendimiento del proceso de oxidación.

Por otra parte, la oxidación puede crear el suficiente calor como para hacer hervir el agua subterránea, lo que favorece la movilidad de los contaminantes que no resulten oxidados. En resumen, se trata de una técnica muy adecuada para actuar frente a determinados contaminantes, sobre todo cuando se encuentran a profundidades considerables, a las que otros métodos no pueden llegar [5, 11].

Ocasionalmente, en vez de oxidar es necesario reducir: caso del Cr^{6+}, altamente tóxico, que se reduce mediante sulfitos a Cr^{3+}, inocuo.

La **electrodescontaminación** consiste en la movilización de los contaminantes bajo la acción de campos eléctricos. Se basa en la introducción a suficiente profundidad de electrodos en el suelo y la aplicación de una diferencia de potencial. Esto produce un flujo de los contaminantes en medio acuoso siguiendo las líneas del campo eléctrico. En determinados casos, puede ser necesario añadir una fase acuosa que permite o facilite el proceso. Los mecanismos concretos por los que se produce la movilización de los contaminantes son los de migración, electro-ósmosis y electroforesis.

- La **migración** es una movilización de los contaminantes en forma iónica a favor del campo eléctrico. Representa el movimiento de las partículas en disolución en el agua intergranular del suelo o subsuelo, sobre la base de su comportamiento iónico.

- La **electro-ósmosis** representa el movimiento del líquido en relación a las superficies sólidas del campo eléctrico: se produce una movilización en masa de líquido, como consecuencia de la interacción con las paredes de los poros. Esto se produce debido a que en las superficies no equilibradas de las partículas del suelo predominan las cargas negativas, y atraen al líquido hacia el cátodo, que se comporta como un gran catión.

- La **electroforesis** corresponde al desplazamiento de partículas coloidales cargadas en suspensión en un líquido. Tiene una importancia muy inferior a la de los dos fenómenos anteriores [20].

El conjunto de estos mecanismos provoca el desplazamiento de los contaminantes bajo la acción del campo eléctrico. Los cationes van hacia el cátodo, mientras que los aniones lo hacen hacia el ánodo, y ambos son extraídos posteriormente. El procedimiento tiene la ventaja de que apenas si resulta influenciado por la textura o la permeabilidad del suelo, factores limitantes de otras técnicas [5, 9].

La técnica resulta de la aplicación, con buenos resultados, en el caso de suelos con altos contenidos en metales pesados (Cu, Zn, Pb, As), así como en el caso de la contaminación por compuestos orgánicos.

La **fracturación** se emplea a menudo en combinación con otras técnicas descritas, ya que se trata de un procedimiento por el cual se induce una fracturación en suelos o terrenos en general muy compactos, de forma que las técnicas que se apoyan en la movilización de los contaminantes pueden actuar mejor. Se basa en dos posibilidades: fracturación hidráulica y fracturación neumática.

La **fracturación hidráulica** utiliza agua, que es bombeada a presión a través de pozos. La fuerza del agua favorece la fracturación del material que compone el terreno en cuestión, así como la apertura de las fracturas ya existentes. Para fracturar suelos a profundidades considerables se añade arena al agua, que favorece la fracturación y que las fracturas permanezcan abiertas.

La **fracturación neumática** utiliza aire a presión para fracturar la roca y a menudo también favorece la movilización de los contaminantes.

En algunos casos, se puede llegar a plantear la utilización de **explosivos**.

En definitiva, es una técnica auxiliar, que en unos casos ayuda a introducir los reactivos requeridos para el tratamiento descontaminante, y en otros favorece la migración de los productos del proceso hacia los pozos de extracción, y en general, favorece la liberación de los contaminantes contenidos en el terreno, y su migración a través de este [7, 20].

IV. Técnicas ex situ

Estas técnicas tienen en común que el suelo es removido de su lugar original, y tratado en una planta externa, para la eliminación del contaminante mediante una variedad de técnicas disponibles. Tras el tratamiento, el suelo puede ser devuelto a su lugar original, siempre y cuando se verifique que está completamente descontaminado [6, 18].

En este aparato se reconocen las siguientes técnicas [19]:

- **Deserción térmica:** basada en el calentamiento del suelo en una "unidad de deserción".
- **Lavado del suelo:** basado en el empleo de detergentes y en la separación granulométrica de las fracciones más finas (siempre más contaminadas, por la mayor

capacidad de porción de las arcillas) de las más gruesas: arena, siempre más limpia, y más fácil de limpiar.

- **Extracción con solventes:** basada en el empleo de productos disolventes, que son muy efectivos en determinados contaminantes.
- **Dehalogenación química:** consiste en la eliminación de halógenos del suelo, mediante reactivos específicos.

Al ser tratamientos puramente químicos, no vamos a insistir en su estudio y descripción.

Finalmente, cuando no hay otra alternativa, el suelo se excava y se lleva a un almacenamiento de residuos tóxicos y peligrosos para su disposición final.

V. Bibliografía

1. Chaney, R.; S. Brown; L. Ying-Ming; J. S. Angle; Z. Homer y C. Green (1995). "Potential use of hyperaccumulators". *Mining Environ. Managem.* 3: 9-11.

2. ITGE (1995). "Contaminación y depuración de suelos". *Publicaciones del ITGE.* 330.

3. Reevers, R. D.; A. J. M. Baker y R. R. Brooks (1995). "Abnormal accumulation of trace metals by plants". *Mining Environ. Managem.* 3: 4-8.

4. USEPA (2000). "Technology Innovation Office. Hazardous waste cleanup information". http://www.cluin.org.

5. USEPA-ORD (2000). "*In situ* treatment of soil and ground-water contaminated with chromium. Technical resource guide". EPA/625/R-00/005.

6. USEPA-ORD (1995). "Manual ground-water and leachate treatment systems". EPA/625/R-94/005.

7. U.S. DOE (1998). Office of Environmental Management. "Remediation technology descriptions". http://www. em.doe.gov/define/techs/remdes2.html.

8. Cairney, J. W. G. y A. A. Meharg (1999). "Influences of anthropogenic pollution on mycorrhizal fungal communities". *Environ. Pollut.* 106: 169-182.

9. Donnely, P. K. y J. A. Entry (1991). "Bioremediation of soils with mycorrhizal fungi". D. C. Adriano, J. M. Bollag, W. T. Frankenberger Jr. y R. C. Sima. "Bioremediation of contaminated soils", *Agronomy Monograph.* 37. American Society of Agronomy. Crop Science Society of America, Soil Science Society of America, Madison, Wisconsin, EUA.

10. González-Chávez, M. C. (2000a). "Arbuscular mycorrhizal fungus from As/Cu polluted soils, contribution to plant tolerance and importance of the external mycelium". Tesis doctoral. Universidad de Reading. Inglaterra.

11. González-Chávez, M. C.; R. Carrillo-González; S. F. Wright y K. A. Nichols (2004). "Role of glomalin, protein produced by hypa of arbuscular mycorrhizal fungi in the sequestration of potentially toxic elements". *Environ. Pollut.* 130: 317-323.

12. Kyde, M. M. y A. B. Gould (2000). "Mycorrhizal endosymbiosis". C. W. Bacon y J. F. White Jr. *Microbial Endophytes.* Ed. Marcel Dekker. Nueva York.

13. McGrath, S. (1994). "Effect of heavy metals from sewage sludge on soil microbes in agricultural ecosystems". S. M. Ross. *Toxic Metals in Soil-Plant Systems.* Ed. John Wiley and Sons. Nueva York.

14. Meharg, A. A. y J. W. G. Cairney (2000). "Co-evolution of mycorrhizal symbionts and their hosts to metal-contaminated environments". *Adv. Ecol. Res.* 30: 70-112.

15. Morton, J. B. (2000). "Evolution of endophytism in arbuscular mycorrhizal fungi of *Glomales*". C. W. Bacon y J. F. White Jr. *Mycorrhizal Endosymbiosis*. Ed. Marcel Dekker. Nueva York, EUA.

16. Nichols, K. (2003). "Characterization of glomalin, a glycoprotein produced by arbuscular mycorrhizal fungi". Disertación doctoral. Universidad de Maryland. Collage Park, Maryland, EUA (sin publicar).

17. Turnau, K.; I. Kottke y J. Dexheimer (1996). "Toxic element filtering in *Rhizopogon roseolus/Pinus sylvestri* mycorrhizas collect from calamine dumps". *Mycol. Res.* 100: 16-22.

18. Van de Lelie, D.; P. Corbisier; L. Diels; A. Gilis; C. Lodewyckx; M. Mergeay; S. Taghavi; N. Spelmans y J. Vangronsveld (2000). *The Role of Bacteria in the Phytoremediation of Heavy Metals. Phytoremediation of Contaminated Soil and Water*. CRC Press LLC. 265-281.

19. Wilkins, D. A. (1991). "The influence of sheating (ecto-) mycorrhizas of trees on the up take and toxicity of metals". *Agric. Ecosyst. Environ.* 35: 245-260.

20. Wright, S. F.; M. Franke-Snyder; J. B. Morton y A. Upadhaya (1996). "Time-course study and partical characterization of a protein on hyphae of arbuscular mycorrhizal fungi during active colonization of roots". *Plant. Soil.* 181: 193-203.

Microbiología de la rizosfera: Potencial de la biorremediación y fitorremediación para ambientes contaminados

Por Juan Manuel Sánchez-Yáñez y Noe Manuel Montaño Arias

Contenido

Resumen

Las raíces de las plantas son un ambiente propicio para las diversas interacciones en la comunidad del suelo, para la realización de los ciclos geoquímicos que sustentan la vida y a la vez permiten la depuración de sustancias tanto naturales como xenobióticas en el suelo. El objetivo de este trabajo es mostrar el potencial biológico y bioquímico del sistema de racies vegetales que es útil para evitar la aplicación excesiva de fertilizantes químicos sino también, para eliminar elementos y sustancias tóxicas para el ambiente y la salud humana.

Palabras claves. Rizoplano, suelo, microbios, fitorremediación, ecología.

I. Introducción

El sistema radicular de las plantas superiores está asociado al ambiente inanimado de compuestos orgánicos e inorgánicos y una amplia comunidad de microorganismos metabólicamente activos, que responden a los exudados y es diferente a la comunidad del suelo sin raíces de plantas; en zona existe un hábitat único para los microorganismos, que los estimula, y ahí los microbios obtienen nutrientes. Aunque existen fitopatógenos en las interacciones entre macros y microorganismos de importancia en la producción agrícola, en la fertilidad del suelo y en su conservación como recurso natural renovable. En las raíces existe un ambiente único, conocido como **rizosfera** y dividido en tres áreas: el **rizoplano** interior, localizado en la superficie de las raíces; la **rizosfera con suelo adherido** y la **edosfera**, suelo sin raíces. En general, la densidad microbiana es mayor en el rizoplano que en la rizosfera, que en la edosfera; ahí son evidentes las interacciones ecológicas entre los microorganismos y las raíces por razones nutricionales y de reproducción. En la rizosfera y el rizoplano de las plantas existen productos de excreción y tanto tejido vegetal como animal muerto; en esa zona se reporta que la mayoría de los géneros de la microbiota subterránea no tienen una influencia perjudicial en las plantas que colonizan [1, 2].

II. Microbiota de la rizosfera

La región de la rizosfera es un hábitat favorable para la proliferación de numerosos géneros y especies microbianas, y puede ser investigada con técnicas de microscopia de luz y electrónica, de biología molecular, de genética, de bioquímica, de cultivo artificial [3-6]. Muestran una asociación física de los microbios en la superficie de las raíces exteriores, lo que representa elevada diversidad microbiana, en contraste con la cantidad relativamente pequeña que se detecta en medios de cultivo artificial en el laboratorio, dada la incapacidad técnica para aislar y cultivar la verdadera diversidad en esa área de las plantas [7-10]. Cuando las raíces vegetales son cuidadosamente extraídas del suelo o de las macetas en invernadero, o cuando el suelo superficial se remueve por agitación suave, tanto en las raíces como en el suelo adherido, ambos se colocan en un frasco con un volumen conocido de diluyente estéril, para realizar series de dilución, que se siembran en medios de cultivo específicos para cada grupo microbiano del suelo reconocido con base en su función en los ciclos biogeoquímicos [1, 3, 4]. Las técnicas de biología molecular, las de bioquímica, las inmunológicas, las microbiológicas y las de microscopia se aplican para el análisis de la microbiota de la rizosfera, y se diseñan para medir cambios específicos genéticos, bioquímicos, microbiológicos en la densidad de una población seleccionada, que ejerce algún efecto positivo como negativo sobre el crecimiento vegetal y que puede ser útil al seguir el curso de la fitorremediación (FR) de un ambiente impactado con tóxicos [9-11].

El examen microscópico revela la existencia de una amplia comunidad microbiana cosmopolita, en la superficie de las raíces e incluso en su interior [12-14], con formación de microcolonias y cadenas de células individuales: de actinomicetos, de bacterias comunes, de hongos deuteromicetos y de protozoarios, particularmente los flagelados y ciliados en agua adherida a las raíces, en los pelos radicales o sobre el tejido del interior de la raíz [4, 7, 9]. Investigaciones microscópicas de la rizosfera muestran que las plantas causan efectos sobre la comunidad microbiana a corta distancia de las raíces; en contraste, el suelo de rizosfera contiene una amplia diversidad de géneros bacterianos con una actividad metabólica aeróbica [5, 6, 11].

La cuenta viable en placa de algunos géneros microbianos indica una clara estimulación radical sobre las acciones biológicas asociadas con la mineralización de materia orgánica, y transformación de xenobióticos base para la aplicación de FR en la recuperación de suelos impactados con tóxicos. La producción de exudados radicales ricos en azúcares, aminoácidos, vitaminas y otros compuestos orgánicos aumenta la densidad de ciertos géneros de actinomicetos, bacterias, hongos microscópicos y protozoarios [13-15].

La influencia del sistema de raíces vegetal medida por esa técnica demuestra el conocido "efecto rizosfera", que representa una estimación cuantitativamente de la relación entre la densidad microbiana de la rizosfera (R) y la existente en el suelo (S); se define como la relación del número de microorganismos por unidad de peso seco del suelo de R contra el número de unidades de peso en S sin raíces. En general, el efecto rizosfera es mayor para las bacterias heterotróficas que para otros grupos microbianos encontrados en esa zona de las plantas. El suelo cerca del sistema radical alcanza cifras en aumento, mientras que las de los actinomicetos y hongos no son abundantes [13, 14]. Ciertos géneros bacterianos son estimulados por los exudados de las raíces de tal manera que se clasifican en grupos taxonómicos, genéticos y fisiológicamente diferentes. Los que más responden son los bacilos cortos Gram-negativos que ocupan el mayor porcentaje de la rizosfera en comparación con el total de la microbiota autóctona del suelo [11, 15, 18]; mientras que el porcentaje menor corresponde a bacilos Gram-positivos que forman esporas como los géneros: *Bacillus, Clostridium, Sporosarcina, Desulfotomaculum*. En contraste, disminuye el efecto sobre los géneros: *Arthrobacter, Micrococcus* y *Sarcina*; otros bacilos Gram-negativos no forman esporas pero que son comunes en esa zona son: *Alcaligenes, Agrobacterium, Burkholderia, Brevibacteriu, Flavobacterium, Pseudomonas, Serratia* y *Xanthomonas,* y los menos son bacilos Gram-positivos no esporulados del tipo: *Corynebacterium* y *Mycobacterium* [10, 15, 18]. Los anaerobios como *Clostridium* son afectados por la reducida tensión del oxígeno derivada de la respiración de las raíces y la actividad microbiana [19, 20].

La densidad bacteriana en la rizosfera es alta; cálculos aproximados cautelosos, por método en placa en medio de cultivo de laboratorio para algunos grupos como las bacterias que fijan N_2 (FBN), son mayores de 109 unidades formadoras de colonia (UFC) x 10^6/g de suelo seco de rizosfera, mientras el conteo microscópico directo proporciona cifras 10 veces mayores que en el suelo adherido a la rizosfera o al rizoplano; los valores de la densidad de bacterias se distribuyen desde la superficie de las raíces en abundancia hacia micrositios particulares en la misma zona, como en el caso del sistema de raíz del trigo, pero menor en los extremos de los pelos de raíces jóvenes o en la proximidad de las plantas en senectud [20-21]. En la rizosfera, la biomasa bacteriana es elevada por la intensa competencia nutricional; en esa condición de "tensión por alimento", la microbiota crece con rapidez. Las bacterias de la rizosfera generalmente se reproducen más rápido que los géneros de bacterias en suelo barbechado, donde la microbiota es más activa e inhibe a los grupos bacterianos bioquímicamente menos versátiles; lo anterior sugiere que la microbiota de la rizosfera tiene mayor capacidad para causar cambios fisicobioquímicos más rápidos que los mismos grupos bacterianos en un suelo barbechado [22-24].

Los sistemas que agrupan géneros de bacterias con base en su demanda nutricional son útiles en la investigación de la microbiota de la rizosfera; este tipo de clasificación, basado en la actividad de inmovilización y mineralización de la materia orgánica, revela un aumento selectivo de ciertos aminoácidos en ausencia de vitaminas, que son usadas como factores de crecimiento. El incremento preferencial microbiano es de mayor porcentaje en estos dos grupos metabólicos de la rizosfera, en comparación con un suelo sin plantas; la estimulación nutricional implica un aumento en la densidad de la microbiota, mientras que la proporción de géneros de bacterias con una nutrición compleja es baja [25-27].

La selección de géneros bacterianos depende del tipo de aminoácidos que se derivan de los exudados vegetales, así como de la descomposición de raíces muertas, de las células microbianas o de las excreciones metabólicas de otros grupos de microbios que existen, como los hongos y los protozoarios [10, 15, 19]. Plantas que crecen en arena-suelo no estéril liberan por la raíz exudados con aminoácidos y azúcares que estimulan el crecimiento microbiano [1, 6, 16], cuando son usados por los microorganismos para satisfacer su demanda de carbono (C) y nitrógeno (N), mientras que existen géneros de bacterias que no requieren factores de crecimiento y que sin embargo excretan aminoácidos para otros grupos que sí los necesitan para multiplicarse [2, 4, 14].

En contraste, los efectos de las raíces no alteran la cantidad total de propagulos de hongos filamentosos, la influencia de los exudados es selectiva para ciertos grupos de bacterias, más que para el número total real; el espectro de esos géneros depende de las especies vegetales sembradas, de su edad y el tipo de suelo [1, 18, 22]. En contraste, la proporción es relativamente alta en caso de tipos específicos de hongos, en función de la viabilidad de sus esporas en el medio de cultivo adecuado usado en la placa de dilución de la rizosfera, del suelo adherido a las raíces o de la edosfera; las UFC de hongos en la rizosfera existen en estado vegetativo, la cuenta en placa de hongos no aumenta en la raíz, aunque la biomasa de su micelio sea grande; las raíces de plantas jóvenes tienen de 12 a 14 mm de hifas/mm^2 de superficie radical y apenas el 3% en esa área son levaduras [2, 5, 19].

Lo anterior explica por qué las zoosporas de agentes fitopatógenos detectan la presencia de raíces de plantas con el problema de la salud de las plantas; este es el ejemplo de *Aphanomyces*, *Phytophthora* y *Phythium*, y de otros géneros de hongos fitopatógenos que son atraídos a las raíces. El desplazamiento de esporas móviles es una respuesta quimicotáctica particular, por ello los hongos se mueven en dirección de la punta de raíces, cuando por heridas exudan sustancias que son atrayentes para que los hongos fitopatógenos ataquen este tejido vegetal [3, 13].

Para entender la importancia de los actinomicetos, los protozoarios y las algas en la rizosfera, no se benefician por los compuestos orgánicos de los exudados, lo que explica su baja proporción R:S que no excede de 2 a 3:1 [1, 12, 20].

La microbiota residente de la raíz está influenciada por la composición química del suelo que está en contacto con esta parte de la planta; las cifras de la densidad bacteriana aumentan en el suelo en estrecho contacto con la superficie de las raíces [22-24]. Ahí la actividad de la comunidad microbiana, cuando mineralizan los compuestos de C orgánico disponibles, se mide por la generación de CO_2, en contraste con la baja concentración de este gas liberado en suelo barbechado [4, 7, 26].

Los vegetales en sus raíces se asocian a una amplia variedad de microbiota subterránea [13-15]; las diferencias entre las plantas se atribuyen a la forma de la colonización de la raíz, de la composición de ese tejido y de sus productos de excreción. Por ejemplo, las leguminosas como la alfalfa y el trébol tienen una influencia evidentemente mejor sobre el crecimiento de géneros de bacterias específicos como las BFN, del tipo: *Azotobacter, Azospirillum, Bacillus, Burkholderia, Rhizobium* [26, 28, 29], en comparación con el efecto rizosfera de los pastizales o gramíneas pobres en azúcares [8, 9, 11]. Los microbiólogos del suelo investigan la estimulación de la FBN por géneros de bacterias de vida libre que colonizan las raíces de plantas no leguminosas, y que tienen importancia en la biorremediación y fitorremediación con técnicas para evaluar su ganancia, la distribución de géneros bacterianos que poseen la enzima nitrogenasa responsable de transformar el N_2 en NH4: *Azotobacter paspali, Beijerinckia* y *Azospirillum, Burkholderia, Azotomonas, Derxia, Clostridium* en raíces de cereales, en pastos forrajeros y otras no leguminosas, sin resolverse por qué solo algunos géneros de plantas apoyan esas bacterias ni qué compuestos de los exudados radicales las estimulan para fijar N_2 [9, 10].

Los vegetales tienen una microbiota subterránea variada [7, 13, 17], con diferencias en dinámica de la colonización de las raíces por sus productos de excreción [19, 21, 23]; así, las leguminosas tienen un efecto rizosfera positivo sobre la población microbiana, más que los pastizales o los cultivos de granos. La alfalfa y el trébol tienen una evidente influencia sobre géneros de bacterias específicas [6, 12, 24], mientras que en la edosfera la densidad de la población aerobia de actinomicetos, bacterias, hongos y algas disminuye con la profundidad [8, 10].

La edad de la planta altera la densidad de la microbiota subterránea [3, 23], así como el estado de su madurez que influye en la calidad de los componentes orgánicos, involucrados en el efecto rizosfera y, en consecuencia, en el decremento o incremento de la población microbiana [19, 22]. Las plántulas liberan una clase de productos químicos de raíz, que aceleran la multiplicación de los heterotróficos residentes en esa zona, en tanto que los tejidos vegetales muertos en descomposición también inducen un aumento en la densidad de la microbiota, lo que contribuye a la diversidad bioquímica de esa comunidad. Al final del ciclo vegetal, las raíces mueren, por lo que los carbohidratos principales que son parte de su composición química, como la celulosa, las hemicelulosas, la pectina, etc., son minerlizados; como resultado, la densidad microbiana cambia continuamente, pero al final disminuye cuando los remanentes de la planta están constituidos por lignina [1, 18]. Al desaparecer la raíz, la comunidad biológica microscópica de la rizosfera desaparece gradualmente, de tal forma que es indistinguible de la nativa de la edosfera. Para el siguiente año, la nueva vegetación determina qué clase de diversidad microbiana rizosférica aparecerá [3-5], mientras que en función del cultivo agrícola que se sembró, del esquema de fertilización aplicado, del tipo de manejo del terreno que se usa, se generan o no remanentes de la cosecha que podrían afectar el nivel de productividad del suelo. Se reporta que el género *Rhizobium* contribuye al *status* del N del disponible para el siguiente vegetal que se siembra, lo que se observa en la llamada "rotación de cultivos agrícolas", cuando primero se siembra una leguminosa y luego una gramínea, o viceversa [18, 28]; como resultado, en esta transición cambia la composición de la microbiota del suelo, disminuye el número de géneros bacterianos no formadores de esporas como *Pseudomonas* e incrementa la abundancia relativa de formadores de esporas del género *Bacillus* [7, 9, 16].

Los habitantes microscópicos aerobios de metabolismo heterotrófico nativos de suelos barbechados responden al enriquecimiento con fertilizantes químicos (FQ) y/o abonos orgánicos, además de que provocan cambios cualitativos o cuantitativos en la microbiota de la región radical [7, 26, 29]. Otros tratamientos químicos al suelo tienen un mínimo impacto sobre el número total de microbios heterotróficos aerobios, no obstante se reporta que dos géneros y especies de plantas cultivadas sembradas en el mismo suelo causan una amplia divergencia en la diversidad, en la densidad, así como en la masa de células viables de la microbiota en su rizosfera, lo que también es función de la composición química de los exudados liberados según se muestra en el Cuadro 1 [4-6, 8]. Mientras que es un hecho que la fertilidad del suelo también depende de los cultivos agrícolas que se siembran y que varían de planta en planta. Algunas sustancias identificadas en los exudados de raíz se han obtenido de plantas que se cultivan asépticamente en sus primeras fases de crecimiento; la formación y tipo de productos depende de los minerales disponibles, de la temperatura, de la intensidad luminosa, de los niveles de O_2 y CO_2, del daño de las raíces y de la edad de la planta. En general, la mayoría de las moléculas orgánicas excretadas a nivel de la raíz son metabolizados por géneros de bacterias heterótrofas del suelo, las que también podrían eliminar compuestos tóxicos que contaminan el ambiente; de ahí que algunos tipos de plantas tengan una aplicación en la FR de ambientes impactados con HC derivados del petróleo [7, 18, 25].

CUADRO 1. Principales compuestos orgánicos liberados en la zona radical de una gramínea doméstica como el maíz (*Zea mays* L.).

Tipos de orgánico	Función
Aminoácidos Ácidos orgánicos	– Esencialmente, todos los aminoácidos que existen en la naturaleza.
Carbohidratos	– Acético, butírico, cítrico, fumárico, glicólico, láctico, málico, oxálico, propiónico, succínico, tartárico, valérico.
Derivados de ácidos nucleicos	– Arabinosa, desoxirribosa, fructosa, galactosa, glucosa, maltosa, manosa, sacarosa, oligosacáridos, rafinosa, ramnosa, ribosa, xilosa.
Factores de crecimiento	– Adenina, citidina, guanina, uridina.
Enzimas	– p-aminobenzoato, biotina, colina, inositol, ácido nicotínico, pantotenato, piridoxina, tiamina.
Otros compuestos	– Amilasa, invertasa, fosfatasa, proteasa. – ARNsas. – – p-hidroxibenzoato, péptidos, saponina, escopoletina.

Referencias: [3-7, 18, 20].

III. Impacto de las raíces de las plantas en el suelo

La microbiota del suelo se ve influenciada por los exudados de las raíces vegetales en sus principales etapas de crecimiento; en contraste, las diversas actividades microbianas de inmovilización y mineralización de la materia inorgánica y orgánica causan un efecto directo sobre la fertilidad del suelo sin raíces.

El pH de la rizosfera es más ácido que en el suelo circundante, en especial cuando las raíces absorben amonio (NH_4^+), y aunque el pH cambia a alcalino, si las raíces utilizan nitrato (NO_3^-), mientras la penetración del sistema radical mejora la estructura del suelo, todo lo anterior tiene relevancia en la FR de ambientes impactados con tóxicos [23-25].

La microbiota de las plantas utiliza los exudados de la raíz, ricos en compuestos orgánicos, como fuente de energía, de C, de N y de factores de crecimiento; mientras los macroorganismos también absorben minerales, lo que disminuye la concentración disponible para el crecimiento microbiano [3, 8]. Durante la respiración de la raíz vegetal se consume O_2 y libera CO_2, además de que la mineralización de sustratos carbonados por la comunidad bacteriana agrega CO_2 por el consumo de O_2, al igual que la respiración de los macros y microorganismos aumenta el nivel de CO_2 en la zona rizosférica, en comparación a la concentración de este gas en la edosfera. Al medir la liberación de CO_2 de origen microbiano asociando las raíces con y sin esterilidad, revela que de uno a dos tercios del C mineralizado es producto de la respiración microbiana [5, 10, 12]. Ese CO_2 afecta la nutrición de las plantas, el ácido carbónico al inducir la solubilización de minerales e incrementa el abastecimiento de los que son críticos para los vegetales, como el fósforo (P), el potasio (K), el magnesio (Mg) y el calcio (Ca). La solubilización de estos minerales se demuestra en plántulas desinfectadas inoculadas con el género *Bacillus* que genera ácidos carbónicos en el suelo pobre en nutrientes, con una mezcla de minerales insolubles bajo condición de esterilidad, o cuando la bacteria mineraliza azúcares genera ácido carbónico a partir del CO_2, lo que permite la solubilización de los minerales; de esa manera, la planta responde positivamente con un crecimiento sano, en comparación con la misma planta que no se inoculó con *Bacillus* [4, 7, 11].

Uno de los principales grupos fisiológicos bacterianos quimilitotróficos que responden a las raíces son los géneros amonificantes; la proporción R:S para este grupo es alta, varía desde cientos a uno; en el rizoplano, los géneros de bacterias heterotróficas que degradan proteínas en medios de cultivos poseen una actividad proteasa en la superficie radical. La estimulación de la actividad proteolítica indica la existencia de compuestos orgánicos de N, y la microbiota proteolítica y amonificante provoca una rápida descomposición del N orgánico en la rizosfera. Esta evidencia apoya la hipótesis de que las raíces vegetales influyen en mineralización de compuestos de N orgánico, por lo que el *status* del N inorgánico en un tiempo dado depende de un balance entre la inmovilización y la mineralización de este elemento; la cantidad neta de N mineralizado es baja en suelos cultivados con plantas, en comparación con aquellos barbechados sin raíces vegetales, y lo anterior es importante en la FR de ambientes impactados por HC [5, 18, 26]. Una investigación al respecto con un trazador isotópico revela que la cantidad neta de N mineralizado en suelo con cultivado con gramíneas es la mitad comparada con la reportada en suelo barbechado, en donde la concentración total de N mineralizado es mayor en los cultivados con plantas que sin cultivar [19, 25, 28]. Las diferencias entre los dos suelos se atribuyen a la elevada tasa de movilización de N asociada con la comunidad microbiana de la rizosfera, que a su vez depende del tipo de planta que se siembra y que en la FR de un suelo contaminado con HC podría establecer la dificultad para realizarse en un tiempo relativamente corto [5-8].

Dada la naturaleza orgánica de los exudados radicales, se reporta que los géneros bacterianos quimiolitótrofos que oxidan NH_4 y NO_2^- no están influenciados por las raíces vegetales de importancia agrícola; en contraste, existen géneros celulolíticos dominantes en la raíz, como *Citophaga* y *Celullomonas*, población relacionada con la mineralización de raíces muertas.

Las excreciones de la raíz tienen influencia sobre la germinación de las estructuras de latencia de hongos: las clamidosporas de *Fusarium*; las conidias de *Verticillium*; los esclerotes de *Sclerotium*; las oosporas de *Pythium* pueden germinar con los exudados orgánicos radicales, los hongos se benefician al usarlos como fuente de energía para su germinación, y que permanecen en latencia por la carencia nutrientes o sustancias antifúngicas. Los compuestos en la rizosfera inducen la latencia de algunos hongos fitopatógenos, o bien estimulan la germinación de esporas; además, los exudados de raíz favorecen que las hifas crezcan para penetrar las raíces vegetales, antes de que factores ambientales destruyan los filamentos en el suelo, mientras que la germinación y el crecimiento de las hifas son estimulados por los exudados radicales vegetales de géneros hospederas y no hospederas, resistentes o susceptibles. *Sclerotium cepivorum* es una excepción; este hongo invade la raíz porque sus esclerotes superviven en el suelo y germinan cerca de la raíz de una amplia variedad de plantas, como el género *Allium*. Las raíces liberan antimicrobianos, antifúngicos y otras sustancias tóxicas; el CO_2 en este hábitat inhibe la germinación de las esporas hongos, y la mínima cantidad de NO_3^- en suelo sembrado con pastos perennes sugiere que los quimiolitotróficos nitrificantes son inhibidos en el pastizal por un compuesto tóxico liberado por su raíz [1, 11].

IV. Impacto de la microbiota en la vida vegetal

La comunidad microbiana rizosférica ejerce una influencia positiva o negativa en el crecimiento de las plantas; esa microbiota cubre parcialmente las raíces, cualquier sustancia benéfica o tóxica generada ahí causa respuesta inmediata. La producción de CO_2 en la rizosfera, la formación de ácidos orgánicos e inorgánicos solubiliza minerales que influyen sobre la comunidad microscópica que necesita aniones y cationes para su crecimiento en la inmovilización de N o P.

Las bacterias aerobias de la rizosfera vegetal usan O_2 del ambiente y liberan CO_2; la disminución de la tensión de O_2 o el aumento del CO_2 reduce el crecimiento de raíces y/o disminuye su capacidad de absorción de minerales y agua; la microbiota rizosférica genera sustancias promotoras del crecimiento vegetal (SPCV) y la división celular; otras contribuyen a la formación de agregados estables del suelo, y además por mineralización de compuestos orgánicos liberan elementos minerales en la raíz [6, 11]. Los microorganismos de la rizosfera influyen en el crecimiento de la planta, comparado con plantas no inoculadas con géneros de bacterias, actinomicetos y hongos, que liberan SPCV como el ácido indolacético, giberelinas, citoquininas, que son reguladores del ciclo biológico vegetal. Géneros de bacterias de la rizosfera y el suelo generan en medios de cultivo líquido SPCV: *Azotobacter*, *Azospirillum*, *Azotomonas*, *Bacillus*, *Bejerinckia*, *Burkholderia*, *Pseudomonas*, etcétera [1, 3-7].

La disponibilidad de P como fosfatos (PO_3^-) depende de la actividad de los microbios de la rizosfera; los cambios en su concentración son de trascendencia en la nutrición vegetal. Un alto porcentaje de géneros de bacterias de rizosfera y rizoplano (*Bacillus*, *Clostridium*, *Pseudomonas*) degradan sustratos de P orgánico; las cifras de estos heterótrofos aumentan en las raíces activas; ahí la mineralización del P es rápida, la cantidad neta de P inorgánico que se libera depende de la inmovilización y mineralización de PO_3^- en la rizosfera [10, 23, 29]. La microbiota de la raíz disuelve PO_3^- de calcio insolubles, cuando las raíces son colonizadas por microorganismos que consumen más P, no obstante la mayor absorción vegetal de este elemento involucra a las bacterias de la rizosfera en parte por la necesidad de P en la parte aérea vegetal [11, 21].

La rizosfera posee una comunidad inmensa mayor que en el suelo circundante, donde los antagonismos mutuos son más pronunciados; ahí la formación de antibióticos tiene consecuencias en los hábitats naturales, un ambiente propicio para su producción, donde el abastecimiento de sustratos para obtener energía es grande. Varios antibióticos son asimilados por las plantas superiores por la raíz y transportados a la parte aérea; los antibióticos sintetizados en la rizosfera afectan la proliferación de patógenos de raíces que se trasladarán a tallos y hojas para causar enfermedades en los tejidos aéreos; los antibióticos también influyen en la fisiología de la planta, que a su vez estimula el crecimiento de la microbiota.

V. Conclusión

Las raíces de las plantas generan como resultado de su crecimiento, en sus distintas etapas fisiológicas, una amplia variedad de compuestos orgánicos que son atrayentes para microorganismos del ambiente, los que a su vez poseen una especial capacidad metabólica para mineralizar o transformar cualquier sustancia química natural o sintética que se ubique en esa zona; en consecuencia, las plantas tienen potencial para la destrucción de tóxicos ambientales, como un tratamiento secundario para destoxificar ese sitio o terminal para probar que la BR fue efectiva y la recuperación del lugar asegura que el tóxico fue prácticamente eliminado.

Agradecimientos. Al Proyecto 2.7 (2011) de la CIC-UMSNH, por el apoyo a esta publicación.

VI. Bibliografía

1. Alexander, M. (1977). *Introduction to Soil Microbiology.* Ed. John Wiley and Sons. Nueva York, EUA.

2. Baldani, J. l.; V. L. D. Baldani y J. Dobereiner (1986). "Characterization of *Herbaspirillum seropedicae* gen. nov., sp. nov., a root-associated nitrogen-fixing bacterium". *Inter. J. Syst. Bacteriol.* 36: 86-93.

3. Behling, M. C. H. y R. M. Boddey (1987). "Estimation of biological nitrogen fixation associated with 11 ecotypes of *Panicum maximum* grown in nitrogen-15-labeled soil". *Agronomy J.* 79: 558-562.

4. Berge, O.; T. Heulin; W. Achouak; C. Richard; R. Bally y J. Balandreau (1991). "Berlin *Rahnella aquatilis* a nitrogen-fixing enteric bacterium associated with the rhizosphere of wheat and maize". *Can. J. Microbiol.* 37: 195-203.

5. Bowen, G. D. y A. D. Rovira (1991). "The rhizosphere, the hidden half of the hidden half". Y. Waisel, A. Eshel y U. Kafkafi. *The Plant Roots, the Hidden Half.* Ed. Marcel Dekker. Nueva York, EUA. 641-449.

6. Box, J. E. y L. C. Hammond (1990). "Rhizosphere dynamics". J. E. Box y L. C. Hammond. *AAAS. Selected Symposium.* 113. Ed. Westview Press. Boulder, Colorado, EUA.

7. Curl, E. A. y B. Truelove (1986). *The Rhizosphere.* Ed. Springer-Verlag. Nueva York, EUA.

8. Chanway, C. P.; R. Turkington y F. B. Holl (1991). "Ecological implications of specificity between plants and rhizosphere microorganisms". *Adv. Ecol. Res.* 21: 122-170.

9. De Freitas, J. R. y J. J. Germida (1990). "A root tissue culture system to study Winter wheat-rhizobacteria interactions". *Appl. Microbiol. Biotech.* 33: 589-595.

10. García, G. M. M.; J. M. Sánchez-Yáñez; J. J. Peña-Cabriales y P. E. Moreno-Zacarías (1995). "Respuesta del maíz *(Zea mays* L.) a la inoculación con bacterias fijadoras de nitrógeno". *Terra.* 13: 71-79.

11. Gillis, M.; V. V. Tran; R. Bardin; M. Goor; P. Hebbar y A. Willems (1997). "Plyphasic taxonomy in the genus *Burkholderia* leading to an emended description of the genus and proposition of *Burkholderia vietnamiensis* sp. nov. For N$_2$-fixing isolates from rice in Vietnam". *Inter. J. Syst. Bacteriol.* 45: 274-289.

12. Hebbar, K. P.; D. Atkinson; W. Tucker y P. J. Dart (1992). "Supression of *Fusarium moniliforme* by maize root-associated *Pseudomonas cepacia*". *Soil Biol. Biochem.* 24: 1009-1020.

13. Hebbar, K. P.; M. H. Martel y T. Heulin (1994). "*Burkholderia cepacia,* a plant growth promoting rhizobacterial associate of maize". M. H. Ryder, P. M. Stephens y G. D. Bowen. *Improving Plant Productivity with Rhizosphere Bacteria.* Proc. Intem. Workshop on Plant Growth-Promoting Rhizobacteria. CSIRO, Australia del Sur. 201-203.

14. Heulin, T; O. Berge; P. Mavingui; L. Gouzou; K. P. Hebbar y J. Balandreau (1994). "*Bacillus polymyxa* and *Rahnella aquatilis,* the dominant N$_2$-fixing bacteria associated with wheat rhizosphere in French soils". *Eur. J. Soil Biol.* 30: 35-42.

15. Heulin, T.; M. Rahman; A. M. N. Amar; Z. Rafidison; J. C. Pierrat y J. Balandreau (1989). "Experimental and mathematical procedures for comparing N$_2$-fixing

efficiencies of rhizosphere diazotrophs". *J. Microbiol. Methods.* 9: 163-173.

16. Ferrera, C. R. (1995). "Efecto rizosfera". R. Ferrera Cerrato y J. Pérez Moreno. *Agromicrobiología, elemento útil en la agricultura sustentable.* Ed. Colegio de Postgraduados. Montecillos, México. 36-44.

17. Kloepper, J. W. (1993). "Plant growth-promoting rhizobacteria as biological control agents". F. B. Meeting Jr. *Soil Microbial Ecology.* Ed. Marcel Dekker. Nueva York, EUA. 257-258.

18. Kloepper, J. W.; F. M. Scher; M. Laliberté e I. Zaleska (1985). "Measuring the spermosphere colonizing capacity (spermosphere competence) of bacterial inoculants". *Can. J. Microbiol.* 31: 926-929.

19. Kloepper, J. W.; K. R. Rodríguez; J. A. Mclnroy y R. W. Young (1992). "Rhizosphere bacteria antagonistic to soybean cyst (*Heterodere glycine*) and root-knot (*Meloidogyne incognita*) nematodes: identification by fatty acid analysis and frequency of biological control activity". *Plant Soil.* 139: 75-84.

20. Khammas, K. M.; E. Ageron; P. A. D. Grimont y P. Kaiser (1994). "The nitrogen fixing bacteria from Iraqi rice-field soils". *Eur. J. Soil Biol.* 30: 101-106.

21. Llovera, L. J.; J. M. Sánchez-Yáñez y J. J. Peña-Cabriales (1994). "Reducción de acetileno por bacterias asociadas a raíces de especies de nopal (*Opuntia* L.)". *Rev. Lat-Amer. Microbiol.* 36: 183-189.

22. Loera, T. M. L.; J. M. Sánchez-Yáñez y J. J. Peña-Cabriales (1996). "Acetylene reduction activity on the root of cactaceous plants". *Rev. Lat-Amer. Microbiol.* 38: 7-15.

23. Martínez-Toledo, M. V.; J. González-López; T. De La Rubia; A. Ramos-Cormenzana (1985). "Isolation and

characterization of *Azotobacter chroccoccum* from the roots of *Zea mays* L.". *FEMS Microbiol. Ecol.* 31: 197-203.

24. Mavingui, P.; O. Berge y T. Heulin (1990). "Inmunotrapping of *Bacillus polymyxa* in soil and in the rhizosphere of wheat". *Symbiosis.* 9: 215-221.

25. Mavingui, P.; G. Laguerre; O. Berge y T. Heulin (1992). "Genetic and phenotypic diversity of *Bacillus polymyxa* in soil and in the wheat rhizosphere". *Appl. Environ. Microbiol.* 58: 1894-1903.

26. Posadas-Campos, S.; J. Ramírez-Castañeda; J. J. Peña-Cabriales; R. Farías-Rodríguez y J. M. Sánchez-Yáñez (2002). "Aislamiento y efecto de inoculación de maíz (*Zea mays* L.) con bacterias benéficas de raíz". *Cuatro Vientos.* 30: 24-28.

27. Thomas-Bauzon, D.; P. Weinhard; P. Villecourt y J. Balandreau (1982). "The spermosphere model. 1. Its use in growing, counting, and isolating N$_2$-fixing bacteria from the rhizosphere of rice". *Can. J. Microbiol.* 128: 922-928.

28. Vallard, V.; L. Poirier; B. Coumoyer; J. Haurat; S. Wiebkin; K. Ophel Keller y J. Balandreau (1998). "*Burkholderia graminis.* Nov. a rhizospheric *Burkholderia* spp, and a reassesment of *(Pseudomonas) phenazinium, (Pseudomonas) pyrracinia and (Pseudomonas) glathei as Burkholderia*". *Inter. J. Syst. Bacteriol.* 48: 563-594.

29. Weihs, V. y R. J. Jagnow (1988). "Occurrence of *Bacillus polymyxa* in the rhizosphere of grasses and cereals in the North East of Germany and some of its characteristics". H. Bothe, F. J. Brujin y W. E. Newton. *Nitrogen Fixation: Hundred Year After.* Stuttgart, Alemania.

Fitorremediación: El uso de las plantas selectas para eliminar contaminantes ambientales

Por Nabanita Dasgupta-Schubert y Juan Manuel Sánchez-Yáñez

Contenido

Juan Manuel Sánchez Yáñez

RESUMEN

La fitorremediación (FR) es el uso de plantas y sus microbios en el sistema radical, para la limpieza del ambiente contaminado por algún tóxico. Es una alternativa ecológica comparada con los métodos convencionales de remediación ambiental basados en la ingeniería ambiental. Las plantas se usan en ambientes impactados por contaminantes para su estabilización, extracción, degradación o volatilización con lo que se remedian.

En esta revisión se analizan las estrategias de FR, su aplicación en la eliminación de contaminantes orgánicos e inorgánicos; específicamente, en metales pesados tóxicos que se transforman en no peligrosos, por microorganismos del suelo asociados a las raíces de esas plantas. La eficacia de la FR en un sitio impactado por tóxicos depende de factores que afectan la disponibilidad de los metales en la rizosfera, así como su absorción, su desplazamiento, su quelación, su transformación y su volatilización. En esta revisión se analiza brevemente el papel de los vegetales hiperacumuladores de metales sin tener efectos tóxicos, la mayoría de los cuales son específicos para un metal específico; aunque los mecanismos de selección no han sido definidos al nivel molecular. Además de los avances con plantas transgénicas, en esta revisión bibliográfica se incluyen algunas investigaciones en México sobre FR de sitios impactados con tóxicos ambientales y sus perspectivas.

Palabras claves. Efecto rizosfera, suelo, metales pesados, contaminantes orgánicos.

I. ANTECEDENTES: LAS PLANTAS Y LA LIMPIEZA DEL AMBIENTE

Las tecnologías convencionales de remediación de sitios impactados con tóxicos ambientales para su eliminación implican excavación o remoción, estabilización o conversión química *in situ* que involucran la destrucción secundaria del ambiente [21]. La fitorremediación (FR) es "tecnología verde" que emplea el potencial vegetal para degradar, mineralizar y/o eliminar elementos y compuestos tóxicos a la vida o el ambiente. La FR es una biotecnología que usa vegetales para remover, degradar, reducir o inmovilizar sustancias tóxicas xenobióticas ambientales [11, 30]. El propósito de la FR es restaurar los sitios contaminados para uso privado o público. La FR se concentra en el empleo de plantas que aceleran la degradación de contaminantes orgánicos, a la par de los microorganismos de su rizosfera para remover metales pesados del suelo o el agua.

En la actualidad, se consideran seis tipos de FR para ambientes impactados con diversos contaminantes: fitodegradación, degradación rizosférica, rizofiltración, fitoestabilización, fitoextracción y fitovolatilización [29, 37].

I.1. FITODEGRADACIÓN

Cuando un ambiente está impactado con tóxicos orgánicos, se siembran plantas que en su sistema radical poseen microorganismos sintetizadores de enzimas que permiten la absorción de contaminantes, o bien eliminan la toxicidad de compuestos como el tricloroetileno (TCE) en agua y el suelo. Tal es el ejemplo de la FR de sitios impactados con hidrocarburos alifáticos (HC) y aromáticos (A), con el álamo híbrido (*Populus deltoides* sp *nigra* L.), que los mineralizan en dióxido de carbono (CO_2), ion cloruro (Cl^-) y agua (H_2O) [23].

En la FR de suelos contaminados con HCA, se siembran diferentes especies de álamos, ya que estos poseen un sistema de raíces con microorganismos que, mediante una amplia gama de enzimas, absorben los metabolitos secundarios del 2,4,6-trinitrotolueno (TNT), del hexahidro-1,3,5-trinitro-1,3,5-triazina (RDX), del octahidro-1,3,5,7-tetranitro-1,3,5,7-tetrazocina (HMX), y los degradan parcialmente [44] a elementos y compuestos inocuos a la vida y el ambiente.

La FR de ambientes impactados con HCA es posible con la aplicación de una planta herbácea conocida como "toloache" (*Datura innoxia* L.) y/o con el jitomate (*Lycopersicum peruvianum* L.); ambos tienen al nivel de sus raíces microorganismos con capacidad de sintetizar enzimas del tipo: peroxidasa, lacasa, nitrilasa y nitrorreductasa, que degradan TNT, RDX y HMX a compuestos inocuos al ambiente. Esta clase de vegetales metabolizan los HCA para la síntesis de estructuras de anillo más pequeñas en nuevo material celular y/o los degradan a nivel de sus raíces para generar compuestos que no son peligrosos para el suelo [19, 36, 39].

I.2. Degradación rizosférica

Ciertas plantas a nivel de su sistema radical contienen microorganismos que las colonizan y que, a la vez, sintetizan enzimas extracelulares que mineralizan contaminantes orgánicos a otros inocuos como el CO_2, que luego volatilizan a la atmósfera o se incorporan a la matriz del suelo por la vía microbiana. Las plantas que se usan en FR de ambientes con HCA, que poseen en sus raíces microbios con la capacidad de oxidar esos contaminantes, también deben tener una elevada tasa de evapotranspiración vegetal, como es el ejemplo de las gramíneas que generan un sistema de raíz denso, al igual que la alfalfa (*Melilotus* sp L.), que al nivel de raíces fija biológicamente nitrógeno molecular (FBN) en simbiosis con el género *Rhizobium*, y que a la vez estimulan la actividad microbiana de mineralización no solo de la materia orgánica y de los HCA contaminantes ambientales del suelo o el agua [22, 26].

I.3. RIZOFILTRACIÓN

Existe un tipo de vegetación empleada para la FR de aguas residuales impactadas con: contaminantes industriales, desechos agrícolas y de materiales nucleares [39] mediante la aplicación de plantas cuyas raíces, cuando están sumergidas en un dispositivo de filtración, son eficaces en la eliminación de esos tóxicos. Por ejemplo, en la bahía de San Francisco, la Universidad de California en Berkeley, EUA, con la compañía petrolera Chevron [16], empleó una combinación de plantas acuáticas como la espadaña robusta (*Schoenoplectus robustus* L.), el pasto salado (*Distichlis spicata* L.) y otras que removieron en un 89% el selenio (Se) del agua residual de su refinería. Esta es una muestra de un proceso simultáneo e integral en el tratamiento de contaminantes del ambiente mediante plantas que contienen microorganismos en sus raíces con la capacidad bioquímica de eliminación de esa clase de tóxicos [38].

I.4. FITOESTABILIZACIÓN

En ambientes impactados con tóxicos, es posible aplicar una forma de FR como la fitoestabilización de los contaminantes que se adhieren a las raíces de los vegetales, o inducen su precipitación en el suelo derivada de una acción de los exudados radicales, que los cambian a estados químicos no solubles sin actividad tóxica para la vida y el ambiente. Naturalmente, las plantas por selección genética y por los microorganismos en sus raíces pueden crecer en suelos contaminados con metales pesados y, a la vez inducen, la formación de agregados del suelo para evitar el efecto erosivo del viento y del agua.

Investigaciones sobre FR de ambientes impactados con tóxicos mediante fitoestabilización se realizan en Francia y Holanda [7, 20] con plantas de elevada tasa de transpiración; como algunas malezas y algunas especies de juncos (*Juncaceae* spp L.), al igual que con vegetales forrajeros y gramíneas que son útiles en disminuir la concentración de metales pesados en agua subterránea [39]. Lo anterior es posible al combinar la diversidad de plantas herbáceas con árboles perennes con raíces densas y profundas como las de ciertas especies de álamos (*Populus* spp L.) y de chopos (*Populus alba* L.), además de que se favorece la integración de agregados en el suelo y se previene su erosión por el viento.

En lo general, se considera que estos vegetales poseen una eficaz estrategia para la restauración de suelos impactados con metales pesados [4].

I.5. Fitoextracción

En ambientes impactados con toxinas, en particular metales pesados y metaloides, la FR recomienda el empleo de plantas con raíces que tienen la capacidad de transportar estos tóxicos desde ahí hacia sus órganos aéreos [35]. En esos sitios, las plantas acumulan los metales en los tallos y hojas para posteriormente cosecharlas con otros residuos vegetales. En este sentido, la fitoextracción se divide en dos clases: continua e inducida [35]. La primera requiere plantas que acumulan altos niveles del metal durante su vida, por lo que se les llaman "hiperacumuladoras". En la segunda, los vegetales segregan agentes quelantes al suelo para atrapar los metales pesados.

Además, se recomienda el empleo de EDTA que induce su solubilización y la subsecuente acumulación en los tejidos vegetales que se usan para la fitoextracción de plomo (Pb), cadmio (Cd), cromo (Cr), níquel (Ni) y zinc (Zn); ejemplos de lo anterior son: la mostaza india (*Brassica juncea* L.) y el girasol (*Helianthus anuus* L.); sin embargo, existen ciertos riesgos con vegetales que excretan quelantes, de que al atrapar metales los lixivien a las capas profundas del suelo y, con ello, se produzca la contaminación de acuíferos; por ello, debe manejarse con cuidado esta estrategia de FR para lograr el éxito en la recuperación de sitios impactados con metales pesados [18, 43].

I.6. FITOVOLATILIZACIÓN

Es una técnica en la que las plantas absorben por la raíz metales pesados del suelo y luego, al transportarlos a la parte aérea, los volatilizan [23]. Un ejemplo de lo anterior es la remolacha transgénica (*Arabidopsis* sp L.), al igual que el álamo amarillo (*Populus* spp L.), pues ambos a nivel de sus raíces se asocian con géneros de bacterias aerobias heterotróficas, que generan la enzima reductasa mercúrica o *merA* [33] para volatilizar el ion mercuroso (Hg^2) a la forma elemental (Hg^0). En general, se reporta que la concentración del Hg volatilizado por estas plantas es proporcional a su taza de transpiración, lo que a su vez depende de la magnitud del flujo del agua en clase de vegetal [23].

El metil terciario butil éter (MTBE) es un aditivo orgánico de la gasolina que contamina agua subterránea: Rubin y Ramaswami demostraron que los árboles jóvenes de álamo la concentran hasta 100 ppb y luego transpiran MTBE, lo que causa una reducción del 30% de su biomasa en concentración tan elevada como 1.600 ppb y tan baja como 300 ppb; esto apoya la aplicación de un álamo híbrido en la remoción de MTBE de agua subterránea, para que posteriormente se libere al ambiente como productos inocuos [32].

II. Plantas indicadoras, acumuladoras e hiperacumuladoras de metales pesados

En los clasificados suelos metalíferos existen plantas que, por selección natural, expresan capacidades fisiológicas únicas; esta clase de vegetación es distinta a la común que no está sometida a niveles relativamente altos de metales pesados. La literatura reporta que ciertos géneros de plantas tienen un nivel gradual de tolerancia a estos tóxicos; con base en ello, los vegetales pueden ser clasificados como: **indicadores**, aquellos que detectan existencia de tipos específicos de metales pesados; **acumuladores**, ya que los pueden retener una cantidad relativamente alta de un metal pero mueren a consecuencia de ello; y los **hiperacumuladores**, que absorben una elevada concentración de metales pesados, sin daño en su viabilidad.

Investigaciones reportan que entre estos tipos de plantas existen diferencias básicas en el mecanismo genético fisiológico de tolerancia a los metales [3]. Por ejemplo, existen plantas indicadoras que sirven para detectar niveles mínimos de metales pesados como la mimosa (*Mimulus guttatus* L.), una leguminosa, y col del diablo (*Silene vulgaris* L.). En tanto, algunos géneros de musgos se emplean como bioindicadores de la alta concentración de metales pesados en el agua y el aire para determinar la calidad del ambiente [14]; uno de los ejemplos más conocidos es el género *Stanleya pinata* para la detección de Se [28].

En 1865, Risse reportó vegetales acumuladores de Zn, en especial la llamada "barba de cabra" que crece cerca de la frontera entre Alemania y Bélgica [34]; lo anterior condujo a identificar zonas con elevada concentración de Zn; desde entonces, numerosos géneros de plantas se han clasificado como acumuladoras de este metal. En contraste, existen plantas hiperacumuladoras que absorben una elevada concentración de metales pesados durante su crecimiento y ciclo reproductivo [2]. Sin embargo, otros vegetales son considerados acumuladores, pues antes de morir concentran un metal, pero no lo hiperacumulan; esto se debe a que esta planta tiene una falla en su mecanismo homeostasis, por lo que puede absorber de manera limitada una cantidad de metal relativamente alta, no obstante que la consecuencia de ello sea su muerte; aun así se les consideran viables para la FR de ambientes impactados con niveles "intermedios entre elevados y mínimos" de metales pesados.

Los vegetales hiperacumuladores específicamente absorben cierta clase de metales pesados. Baker y Brooks [1] definieron en esas plantas la capacidad de retener: níquel, cobre, cobalto y plomo a una concentración mayor de 1.000 mg del metal·g^{-1} del peso seco de la planta, mientras que otros vegetales absorben 10 veces menos: aproximadamente 100 mg·g^{-1} del peso seco para el cadmio y/o 10 veces más como es el caso de los 10.000 mg·g^{-1} del peso seco vegetal para el zinc y el manganeso que algunas plantas hiperconcentran.

Actualmente, existen programas de investigación en países relacionados con la localización, detección y caracterización de plantas hiperacumuladoras de ciertos metales pesados, las que crecen en suelos metalíferos, de serpentina y con mayor probabilidad cerca de las descargas industriales de desechos que contienen metales derivados de la industria metalúrgica, de minas, así como en acuíferos contaminados con altos niveles de estos elementos tóxicos.

Los géneros de vegetales hiperacumuladores abarcan 45 familias, las de mayor capacidad genética se ubican en la *Brassicaceae*, cuyo ejemplo más conocido es la mostaza india. Respecto de la distribución geográfica de las plantas hiperacumuladoras, se reportan que existen en áreas climáticas templadas de Eurasia, de África ecuatorial y de Australasia, donde se informa que abundan vegetales hiperacumuladores de Ni, al igual que en la isla caribeña de Cuba; en contraste, en América, en especial América Latina, relativamente pocas se han descubierto y descrito [31].

Las investigaciones sobre las respuestas fisiológicas de los vegetales hiperacumuladores de metales pesados sugieren un mecanismo similar al estrés oxidativo, ya que la tolerancia de la planta a este tipo de problema ambiental depende del nivel de los desintoxicantes sintetizados en las raíces de esos vegetales, como las fitoquelatinas, las metalotioneínas, el glutatión y los ácidos orgánicos. Existe una estrecha correlación entre la concentración de esos desintoxicantes de plantas como el glutatión (GSH), la cisteína (Cys), el O-acetil-L-serina (OAS) y su capacidad de absorción de metales pesados; un ejemplo de lo anterior es la resistencia y acumulación de Ni en el vegetal llamado "barba de cabra" (*Thlaspi* spp L.): al crecer en un suelo de serpentina o de mina, puede retener elevada cantidad de este metal en sus brotes aéreos, lo cual es una ventaja para su remoción de los sitios que impacta [12].

II.1. Mecanismos fisiológicos en plantas para la captura y transporte de metales pesados

Las plantas hiperacumuladoras, cuando crecen en ambientes con elevada concentración de metales, para retenerlos lo hacen en una o más etapas según los mecanismos bioquímicos y fisiológicos que a continuación se describen.

II.1.1. Solubilización de metales del suelo

Cuando un suelo está contaminado con metales pesados insolubles, por lo que permanecen en la matriz superficial del suelo, bajo esa condición la FR se aplica para que las raíces de las plantas los utilicen de dos maneras:

- a) mediante la separación y solubilización del metal; y/o

- b) por acidificación del suelo cuando el vegetal libera exudados de raíz que funcionan con una bomba de protones; desde la membrana plasmática de esas raíces que además segregan quelantes de metal. Estas acciones fisiológicas le permiten a la raíz absorber minerales esenciales para su crecimiento. La estrategia de FR de ambientes impactados con Pb recomienda la aplicación de EDTA al suelo, para por quelación solubilizar el Pb; sin embargo, esta forma tiene el riesgo de la lixiviación del metal al manto freático y lo puede contaminar, por lo cual es necesario realizar esta clase de FR con cuidado para prevenir el movimiento del PB a los acuíferos y asegurar un resultado positivo en la desintoxicación de ese sitio sin poner en peligro otros componentes del entorno [6].

II.1.2. Absorción radical

En ambientes impactados con metales solubles, el uso de FR supone que, en la proximidad de la epidermis de la raíz, estos elementos inorgánicos ingresan por transporte pasivo y activo. Cada ion metálico entra al sistema radical por vía simplástica, cruza la membrana de la célula endodérmica de la raíz, o por la vía apoplástica entre los espacios intercelulares. La raíz debe transportar con eficiencia el metal al brote en la parte aérea, mediante el flujo vascular que se sucede en el xilema; de aquí el metal pasa a la célula del endodermo y no cruza la banda de Caspari por ser una capa hidrofóbica. Esto significa que atraviesa la membrana de la célula endodérmica posiblemente por una bomba o canal de la membrana como lo hacen los nutrientes para el metabolismo normal; por ello, el ion del metal tóxico usa el mismo mecanismo de transporte intercelular que usan los minerales esenciales en su crecimiento.

En general, las plantas que excluyen los metales pesados se supone que les hacen aumentar la especificidad de las proteínas de transporte por los nutrientes básicos, o bien por bombeo del metal tóxico al exterior de la raíz vegetal para evitar ser negativamente afectadas; en ambos casos, durante la FR del sitio, deberán agregarse otras estrategias para lograr la depuración del ambiente de esta clase de contaminantes [15].

II.1.3. Transporte a las hojas

En suelos contaminados por metales pesados, el uso de FR supone que las plantas podrían transportar metales pesados desde ahí hacia las hojas en la savia del xilema, para luego descargarlos e incorporarlos en otras células de tejidos aéreos y/o eventualmente en la raíz; es decir que cruzan varias membranas, de esa manera diversos géneros vegetales hiperacumuladores almacenan el metal en las células de la hoja. Es el caso de la planta conocida como "barba de cabra" (*Thlaspi caerulescens* L.). que incorpora Zn en su epidermis y en el mesófilo. Mientras que sucede lo contrario en la remolacha (*Arabidopsis* sp L.), que lo hace en sus raíces; ambos vegetales son una opción para la FR de ambientes impactados con metales pesados para concluir una exitosa desintoxicación del sitio [17].

II.1.4. Desintoxicación por quelación

En lugares contaminados con metales pesados, el empleo de FR es adecuado para la eliminación de estos elementos tóxicos, en especial durante el crecimiento de vegetales que tienen la capacidad de transportar el metal del ambiente a determinados tejidos de la planta, en donde se bloquea el efecto de daño mediante el cambio del estado de redox del metal, o bien con acciones que evitan su solubilidad y, con ello, la acción tóxica.

Los vegetales hiperacumuladores sintetizan compuestos quelantes, ya que poseen un gama de propiedades fisiológicas que les permiten enfrentar el reto de la toxicidad de los metales pesados, por acciones de su metabolismo que involucra:

absorción, transporte, secuestro y bloqueo de toxicidad del metal en las células y tejidos de la planta. Este es el ejemplo del Cr (VI), que en el vegetal es más tóxico que el Cr (III); la diferencia entre los géneros de plantas está dada por su respuesta fisiológica específica, cual es la función del estado redox del metal. Mientras que otros vegetales producen sustancias que evitan el estrés oxidativo, por ejemplo, es probable que algunas plantas liberen una alta cantidad de antioxidantes como el glutatión; al igual que quelantes de vegetales que contienen el ligando tiol para una ruta biosintética que implica sulfuro(s) en tipos únicos de proteínas; necesarias para la hiperacumulación de metales pesados en sus tejidos, lo que permite una exitosa FR de ambientes contaminados con estos tóxicos [40].

II.1.5. Secuestro/volatilización del metal

En áreas con elevada concentración de metales pesados, es posible aplicar plantas que tienen la capacidad de absorberlos y secuestrarlos en sitios determinados de sus tejidos, sin inhibir el metabolismo vegetal normal; con frecuencia, el metal cruza el citosol de las células de la hoja y de su membrana vacuolar, ahí se secuestran algunos iones metálicos como los polivalentes, que se atrapan en la pared celular, la cual posee cargas negativas, en donde se retienen para evitar algún daño al funcionamiento vegetal; posteriormente, al cosechar estas plantas, se extraen los metales y se logra la FR de ese ambiente en un tiempo relativamente corto en función de qué géneros vegetales se sembraron y cosecharon [42].

II.2. Estrategias de fitorremediación

Las plantas seleccionadas para FR preferentemente deben ser nativas de la región, adaptadas al ambiente: clima, plagas y enfermedades, y que a la vez toleren altas concentraciones del metal pesado y de otros contaminantes; en la mayoría de esos lugares, por lo general, existen otros compuestos tóxicos. Cuando se aplica la FR de un ambiente impactado con metales, los vegetales pueden por fitoextracción retener estos tóxicos; para ello, fisiológicamente deberán tener un alto índice de formación de biomasa, al mismo tiempo que al concentrar el metal en sus tejidos podrán generar una mayor biomasa.

Las plantas hiperacumuladoras tienen la capacidad fisiológica de mantener alta producción de biomasa, mientras que sucede lo contrario con los vegetales acumuladores simples, que requieren varias cosechas por año para la retención de un metal. Si la FR de un ambiente contaminado con metales pesados se pretende en un tiempo relativamente razonable, ello significa que esta planta deberá cultivarse y cosecharse de manera intensiva en el mismo año. La cantidad total del metal removido del suelo en la cosecha de un cultivo agrícola determina su eficacia en un esquema específico de FR.

Recientemente, Dasgupta-Schubert et al. [8, 9] demostraron que existen cambios fisiológicos en esa clase de plantas, que son dependientes del estrés al que se someten, lo que se refleja en la cantidad de biomasa que producen y que también tiene relación con la concentración del metal en el suelo y con la planta usada para establecer un eficiente esquema de FR de un ambiente impactado con metales pesados. La concentración del metal extraída por el vegetal será mayor cuanto más elevada sea su biomasa. Para alcanzar esta meta, grupos de investigación intentan diseñar plantas transgénicas; con vegetales que tengan rápido crecimiento como la mostaza india (*B. juncea* L.), a los que se les han agregado genes hiperacumuladores de metales [27], de tal manera que estas plantas genéticamente modificadas sintetizan una mayor cantidad de glutatión y fitoqueratinas, puesto que pueden extraer elevados niveles de metales pesados del suelo. Sin embargo, existe una general oposición a la aplicación de estas plantas transgénicas por razones de seguridad ambiental, lo que limita su siembra indiscriminada, en especial de las crucíferas transgénicas de rápida proliferación, una propiedad básica en las plantas hiperacumuladoras.

III. Investigación de fitorremediación en México

Existen grupos de investigación en México, activos en FR de ambiente impactados con tóxicos; aunque el detalle no es parte de esta revisión, a continuación se muestran algunos de los más representativos.

En el Instituto de Ecología-INECOL de Veracruz, la Dra. Eugenia Olguín y colaboradores investigan la FR de ambientes contaminados con tóxicos. Un ejemplo es la aplicación de la FR en efluentes de desechos industrial que contienen Pb con la planta conocida como "acordeón de agua" (*Salvina minima* L.), los factores ambientales y minerales en reactor *batch-operated lagoons*. Al igual que el mecanismo del vegetal en la eliminación del Pb soluble, que incluye su adsorción a la superficial de la raíz en donde se realiza la acumulación intracelular y que, a la vez, causa la precipitación del Pb en el sedimento. Además de que investigan la distribución del Pb en la biomasa de la planta, en los sedimentos y en la columna de agua. Algunos de los resultados que han generado indican que los mecanismos de *S. minima* para la eliminación de Pb y su distribución en sus tejidos son función de la existencia de ciertos minerales y quelantes que, a su vez, son dependientes del ambiente en el cual la planta crece [24].

En el Centro de Investigaciones en Materiales Avanzados (CIMAV), en Chihuahua, la Dra. María Teresa Alarcón Herrera y sus colaboradores investigan la FR de aguas y suelos impactados con As y Pb; mediante la aplicación de vegetales acumuladores e hiperacumuladores de estos tóxicos.

Juan Manuel Sánchez Yáñez

En una parte de ese trabajo, analizan las plantas nativas de Chihuahua con tolerancia a elevada concentración de As, así como la identificación de un vegetal hiperacumulador de este metaloide. Este grupo de investigación reporta que el césped ribereño (*Eleocharis* sp L.) acumula una concentración de 301 mg·g^{-1} de As del peso seco del vegetal [13]. Además, los factores de bioconcentración del As (BCF) y del desplazamiento (TF) en la planta, cuando es mayor de uno, se le considera un vegetal tolerante al As con potencial para usar en fitoextracción.

En la Universidad Michoacana de San Nicolás de Hidalgo (UMSNH), en Morelia, Michoacán, el nuevo grupo de la Dra. Nabanita Dasgupta-Schubert y colaboradores diseña métodos analíticos avanzados en la detección y metabolismo de metales en plantas vivas, y la dinámica físicoquímica de la acumulación de metales en la mostaza india, una acumuladora de Ni, que muestra que la concentración de este metal en la planta (Cp) y del residuo en el suelo o en el ambiente (Cs) son parámetros que están logarítmicamente relacionados, lo que sugiere que la aplicación del principio termodinámico de Le Châtelier-Braun, en donde el efecto del estrés fisiológico del metal en la planta disminuye con la síntesis de su biomasa aérea como un *power-law* respecto al Cp; esto apoya la teoría universal reciente del *power-law* dependiente de la tasa metabólica relacionada con la biomasa vegetal [8, 9]. Esta investigación es financiada por la National Science Foundation de los EUA, en colaboración con la Pan American University of Texas del mismo país. Además, se realiza la detección y localización *in vivo* de metales pesados en la planta [40] con un espectrómetro de emisión de rayos X inducido por partículas. El mecanismo de la toxicidad del Cu en plantas no está aún caracterizado, ya que existen pocos vegetales hiperacumuladores de Cu en el mundo. Dasgupta-Schubert y su grupo iniciaron la investigación de géneros de plantas nativos de suelos de minas

218

con elevados niveles de Cu de Michoacán para la selección de aquellos vegetales hipcracumuladores como prototipo para la FR de sitios impactados con Cu.

En la Universidad Autónoma Metropolitana (UAM) de la Ciudad de México, D.F., el Dr. M. Gutiérrez-Rojas *et al.* investigan la FR de suelos impactados por HC con una gramínea conocida como "pelo de chino" o "zacate montés" (*Cyperus laxus* Lam, L.), la que es inoculada con microorganismos degradadores de HC para la FR de ambiente contaminados con HC, para ello, se mide la fenología del zacate, así como el número total de microorganismos viables degradadores de HC: durante 180 días, se observa que la fenología del zacate inoculado es mejor que el no inoculado crecido en un ambiente impactado con HC. En consecuencia, la tasa máxima de FR de ese ambiente es de 0,51 mg de TPH·g^{-1} de zacate seco en la inoculada, 2 veces mayor que la misma sin ocular. Esta investigación demuestra una acción sinérgica entre *C. laxus* y los microorganismos oxidantes de HC de la rizosfera en la FR del suelo contaminado con HC [10].

IV. Bibliografía

1. Baker, A. J. M. y R. R. Brooks (1989). "Terrestrial higher plants which hyper-accumulate metallic elements: a review of their ecology, distribution and phytochemistry". *Biorecovery*. 1: 81-126.

2. Baker, A. J. M. y S. N. Whiting (2002). "In search of the Holy Grail: a further step in understanding metal hyper-accumulation?". *New Phytol.* 155: 1-4.

3. Bert, V.; P. Meerts; P. Samitou-Laprade; P. Salis; W. Gruber y N. Verbruggen (2003). "Genetic basis of Cd tolerance and hyperaccumulation in *Arabidopsis halleri*". *Plant & Soil.* 249: 9-18.

4. Bert, W. R. y S. D. Cunningham (2000). "Phytostabilization of metals". I. Raskin y B. Ensley. *Phytoremediation of Toxic Metals: Using Plants to Clean up the Environment*, Ed. Wiley Interscience. Nueva York, EUA. 71-88.

5. Blaylock, M.; D. E. Salt; S. Dushenkov; O. Zakharova; C. Gussman; Y. Kapulnik; B. Ensley e I. Raskin (1997). "Enhanced accumulation of Pb in Indian mustard by soil applied chelating agents". *Environ. Sci. Technol.* 31: 860-865.

6. Blaylock, M. y J. Huang (2000). "Phytoextraction of metals. I. Raskin y B. Ensley. *Phytoremediation of Toxic Metals: Using Plants to Clean up the Environment*. Ed. Wiley Interscience. Nueva York. EUA. 53-70.

7. Bouwman, L. A.; J. Bloem; P. F. A. M. Romkens; G. T. Boon y J. Vangronsveld (2001). "Beneficial effects of the growth of metal tolerant grass on biological and chemical parameters in copper and zinc contaminated sandy soils". *Mineral Biotechnology.* 13: 19-26.

8. Dasgupta-Schubert, N.; M. W. Persans; S. Alexander; T. W. Whelan; X. Madrigal Sánchez; R. Alfaro Cuevas Villanueva y M. E. Méndez López (2006). "The light quanta modulated Ni stress response of *Brassica juncea* seedlings". ISEB/JSEB/ESEB. International Conference on Environmental Biotechnology. Leipzig, Alemania.

9. Dasgupta-Schubert, N.; T. W. Whelan; M. A. Reyes; C. L. Loren; T. T. Brandt y M. W. Persans (2007). "The light quanta modulated characteristics of the Ni2+ tolerance of *Brassica juncea* seedlings: interdependence of plant biomass and metal concentration". *Inter. J. Phytorem.* 9: 207-235.

10. Escalante-Espinosa, E.; M. E. Gallegos-Martínez; E. Favela-Torres y M. Gutiérrez-Rojas (2005). "Improvement of the hydrocarbon phytoremediation rate by *Cyperus*

laxus Lam. inoculated with a microbial consortium in a model system". *Chemosphere.* 59: 405-413.

11. Ensley, B. (2000). "Rationale for the use of phytoremediation". B. Ensley e I. Raskin. *Phytoremediation of Toxic Metals: Using Plants to Clean up the Environment.* Ed. John Wiley and Sons. Nueva York, EUA. 3-11.

12. Freeman, J. l.; M. W. Persans; K. Nieman; C. Albrecht; W. A. Peer; I. J. Pickering y D. E. Salt (2004). "Increased glutathione biosynthesis plays a role in Ni tolerance in *Thlaspi* Ni hyperaccumulators". *Plant Cell.* 16: 2176-2191.

13. González-Elizondo, M. S.; J. A. Tena-Flores; M. T. Alarcón-Herrera; E. Flores-Tavizon y M. Barajas-Acosta (2005). "An arsenic tolerant new species of *Eleocharis* (*Cyperaceae*) from Chihuahua, Mexico". *Brittonia.* 57: 150-154.

14. Gstoettner, E. M. y N. S. Fischer (1995). "Accumulation of Cd, Cr and Zn by the moss *Sphagnum papillosum* Lindle". *Water Air Soil Pollut.* 93: 321-330.

15. Hall, J. L. (2002). "Cellular mechanisms for heavy metal detoxification and tolerance". *J. Exp. Bot.* 53: 1-11.

16. Hansen, D.; P. J. Duda; A. Zayed y N. Terry (1998). "Selenium removed by constructed wetlands: role of biological volatilization". *Environ. Sci. Technol.* 32: 591-597.

17. Kupper, H.; E. Lombi; F. J. Zhao y S. P. McGrath (2000). "Cellular compartmentation of Cd and Zn in relation to other elements in the hyper-accumulator *Arabidopsis halleri*". *Planta.* 212: 75-84.

18. Lombi, E.; F. J. Zhao; S. J. Dunham y S. P. McGrath (2001). "Phytoremediation of heavy metal contaminated soils: natural hyperaccumulation vs. chemically enhanced phyotextraction". *J. Environ. Qual.* 30: 1919-1926.

19. Lucero, M. E.; W. Mueller; J. Hubstenberger; G. C. Phillips y M. A. O'Connell (1999). "Tolerance to nitrogenous explosives and metabolism of TNT by cell suspensions of *Datura innoxia*". *InVitro Cell Dev. Biol-Plant*. 35: 480-486.

20. Marseille, F.; C. Tiffreau; A. Laboudigue y P. Lecomte (2000). "Impact of vegetation on the mobility and bio-availability of trace elements in a dredged sediment deposit: a green-house study". *Agronomie*. 20: 547-556.

21. McIntyre, T. (2003). "Phytoremediation of heavy metals from soils". *Adv. Biochem. Eng./Biotech*. 78: 97-123.

22. Narayanan, M. T.; J. C. Tracy; L. C. Davis y L. E. Erikson (1998). "Modeling the fate of toluene in a chamber with alfalfa plants 2. Numerical results and comparison study". *J. Hazard. Subst. Res*. 1: 5b-1-5b-28.

23. Newman, L.; S. Strand; N. Choe; J. Duffy; G. Ekuan; M. Ruszaj; B. Shurtleff; J. Wilmoth; P. Heilman y M. Gordon (1997). "Uptake and transformation of trichloroethylene by hybrid poplars". *Environ. Sci. Technol*. 31: 1062-1067.

24. Olguín, E.; G. Sánchez-Galván; T. Pérez-Pérez y A. Pérez-Orozco (2006). "Surface adsorption, intracellular accumulation and compartmentalization of Pb(II) in batch-operated lagoons with *Salvinia minima* as affected by environmental conditions, EDTA and nutrients". *J. Indust. Microbiol. Biotechnol*. 32: 577-586.

25. Peer, W. A.; I. R. Baxter; E. L. Richards; J. L. Freeman y A. S. Murphy (2006). "Phytoremediation and hyper-accumulator plants". M. J. Tamás y E. Martinoia. *Molecular Biology of Metal Homeostasis and Detoxification*. Ed. Springer. Berlín/Heidelberg, Alemania. 299-340.

26. Pieper, D. E.; V. A. P. Martins dos Santos y P. N. Golyshin (2004). "Genomic and mechanistic insights into the biodegradation of organic pollutants". *Curr. Opin. Biotechnol.* 15: 215-224.

27. Pilon, M.; J. D. Owen; G. F. Garifullina; T. Kurihara; H. Mihara; N. Esaki y E. A. Pilon-Smits (2003). "Enhanced Se tolerance and accumulation in transgenic *Arabidopsis* expressing a mouse selenocysteine lyase". *Plant Physiol.* 131: 1250-1257.

28. Pollard, J. A.; K. D. Powell; F. A. Harper y J. A. C. Smith (2002). "The genetic basis of metal hyper-accumulation in plants". *CRC Crit. Rev. Plant Sci.* 21: 539-566.

29. Prasad, M. N. V. (2003). "Phytoremediation of metal polluted eco-systems: hype for commercialization". *Russ. J. Plant Physiol.* 50: 686-700.

30. Pulford, I. D. y C. Watson (2003). "Phytoremediation of heavy-metal contaminated land by trees: a review". *Environ. Inter.* 29: 529.

31. Reeves, R. D. y A. J. M. Baker (2000). "Metal accumulating plants". B. Ensley e I. Raskin. *Phytoremediation of Toxic Metals: Using Plants to Clean up the Environment.* Ed. Wiley Interscience. Nueva York, EUA. 193-229.

32. Rubin, E. y A. Ramaswami (2001). "The potential for phytoremediation of MTBE". *Water Res.* 35: 1348-1353.

33. Rugh, C. L.; J. L. Sebecoff; R. B. Meagher y S. A. Merkle (1998). "Development of transgenic yellow poplar for mercury phytoremediation". *Nat. Biotechnol.* 16: 925-928.

34. Sachs, J. (1865). "Handbuch der Experimental-Physiologie der Pflanzen". W. Hofmeister. *Handbuch der Physiologischen Botanik.* Ed. Engelmann. Leipzig, Alemania. 153-154.

35. Salt, D. E.; R. D. Smith e I. Raskin (1998). "Phytoremediation". *Ann. Rev. Plant Physiol. Plant Mol. Biol.* 49: 643-668.

36. Schnoor, J.; L. Licht; S. McCutcheon; N. Wolfe y L. Carreira (1995). "Phytoremediation of organic and nutrient contaminants". *Environ. Sci. Technol.* 29: A318-A323.

37. Singh, O. V.; S. Labana; G. Pandey; R. Budhiraja y R. K. Jain (2003). "Phytoremediation: an overview of metallic ion decontamination from soil". *Appl. Microbiol. Biotechnol.* 61: 405-412.

38. Stottmeister, U.; A. Wiessner; P. Kuschk; U. Kappelmeyer; M. Kastner; O. Bederski; R. A. Muller y H. Moormann (2003). "Effects of plants and microorganisms in constructed wetlands for wastewater treatment". *Biotechnol. Adv.* 22: 93-117.

39. Pilon-Smits, E. A. H. y L D. Danika (2009). "Phytoremediation of selenium using transgenic plants". *Current Opinion in Biotechnol.* 20: 207–212.

40. Wang, J. y V. P. Evangelou (1994). "Metal tolerance aspects of plant cell walls and vacuoles". M. Pessaraki. *Handbook of Plant and Crop Physiology.* Ed. Marcel Dekker. Nueva York, EUA. 695-717.

41. Wu, J.; F. Hsu y S. Cunningham (1999). "Chelate assisted Pb phytoextraction: Pb availability, uptake and translocation constraints". *Environ. Sci. Technol.* 33: 1898-1904.

ÍNDICE

El impacto de los hidrocarburos lineales y aromáticos policíclicos en la salud humana y el ambiente
Por Liliana Márquez Benavídez y Juan Manuel Sánchez-Yañez 23

Biorremediación: acción de restauración de ambientes contaminados con hidrocarburos aromáticos
Por Juan Manuel Sánchez-Yáñez,
Juan Carlos Carrillo Amezcua y
Christian Omar Martínez Cámara 49

**Biorremediación *IN SITU* de ambientes
impactados con hidrocarburos**
Por Javier Villegas Moreno y
Juan Manuel Sánchez-Yáñez   77

Biorremediación de ambientes impactados con aceites y lubricantes

Biorremediación de ambientes impactados con polietileno

**Otras estrategias de biorremediación de ambientes
impactados por aromáticos y pigmentos derivados de
hidrocarburos**
Por Juan Manuel Sánchez-Yáñez, David Hernández
García y Liliana Márquez Benavídez   139

**Biorremediación de suelos y aguas subterráneas
impactados por tóxicos ambientales**
Por Juan Manuel Sánchez-Yáñez y
Ramiro Eleazar Ruiz Nájera   159

Microbiología de la rizosfera: Potencial de la biorremediación y fitorremediación para ambientes contaminados
Por Juan Manuel Sánchez-Yáñez y
Noe Manuel Montaño Arias   179

Fitorremediación: El uso de las plantas selectas para eliminar contaminantes ambientales
Por Nabanita Dasgupta-Schubert y
Juan Manuel Sánchez-Yáñez   201

Editorial LibrosEnRed   231

Editorial LibrosEnRed

LibrosEnRed es la Editorial Digital más completa en idioma español. Desde junio de 2000 trabajamos en la edición y venta de libros digitales e impresos bajo demanda.

Nuestra misión es facilitar a todos los autores la **edición** de sus obras y ofrecer a los lectores acceso rápido y económico a libros de todo tipo.

Editamos novelas, cuentos, poesías, tesis, investigaciones, manuales, monografías y toda variedad de contenidos. Brindamos la posibilidad de **comercializar** las obras desde Internet para millones de potenciales lectores. De este modo, intentamos fortalecer la difusión de los autores que escriben en español.

Nuestro sistema de atribución de regalías permite que los autores **obtengan una ganancia 300% o 400% mayor** a la que reciben en el circuito tradicional.

Ingrese a www.librosenred.com y conozca nuestro catálogo, compuesto por cientos de títulos clásicos y de autores contemporáneos.

www.ingramcontent.com/pod-product-compliance
Lightning Source LLC
Chambersburg PA
CBHW020349270326
41926CB00007B/362